Arkadius Scheinker   Schoáh in Riga

Arkadius Scheinker

Schoáh in Riga

Nach schöner Kindheit in Riga durch das Ghetto von Riga im Arbeitskommando BdO, dann im TWL Mühlgraben und durch die KZs Stutthof bei Danzig und Danzig-Burggraben im KZ Gottenhof/Pommern befreit

Eine jüdische Familiengeschichte

Vorwort von Heiko Haumann

Unter Mitarbeit von Katja Nudelman
Herausgegeben von Erhard Roy Wiehn
Hartung-Gorre Verlag Konstanz

Titelseite: Das Foto stammt aus dem Jahre 1922, als der Autor ein Jahr alt war; die Familie verbrachte den Sommer auf der Datscha in Majori am Rigastrand: neben der Mutter links oben Arkadius, links unten Rachel (Raja); rechts steht die ältere Schwester Betty, rechts unten sitzt Benno; Rückseite: Arkadius Scheinker 2009; Herstellung: BoD GmbH, Norderstedt.

1941–2021
80 Jahre Überfall der deutschen Wehrmacht auf die Sowjetunion und Beginn der Schoáh im Baltikum, in Belarus, Russland und der Ukraine

Bibliografische Information Der Deutschen Bibliothek
Die Deutsche Nationalbibliothek verzeichnet diese Publikation in der Deutschen Nationalbibliografie; detaillierte bibliografische Daten sind im Internet über http://dnb.d-nb.de abrufbar.

Erste Auflage 2009, 2. Auflage 2021
Hartung-Gorre Verlag, Konstanz, Germany
ISBN 3-86628-264-8 & 978-3-86628-264-3

Inhalt

Meinen Eltern und Geschwistern
als ein bleibendes Denkmal gewidmet.
Arkadius Scheinker

Heiko Haumann[1]

Jede Erinnerung ist wichtig und notwendig

Gibt es nicht schon genug Zeugnisse zur Schoáh? Brauchen wir noch weitere Erinnerungen von Überlebenden? Aus meiner Sicht ist die Antwort eindeutig: Ja, jedes Zeugnis, jede Erinnerung ist wichtig und notwendig.

Im Archiv wird die Vielzahl der eingehenden Quellen daraufhin bewertet, was aufgehoben und was vernichtet wird. Diese Bewertung hängt vom Stand der Geschichtswissenschaft ab, von der Relevanz der Materialien für die künftige Forschung, daneben auch von den Bedürfnissen der Verwaltung. Häufig bedauern später Historikerinnen und Historiker, welche Bewertungs-Entscheidungen früher einmal gefallen sind, weil sie aufgrund neuer Fragestellungen gerade die vernichteten Dokumente für ihre Forschungen gebrauchen könnten.

Wenn jemand seine oder ihre Lebensgeschichte aufschreibt oder in einem Gespräch erzählt, sollte sie auf jeden Fall aufbewahrt werden. Menschen machen handelnd und leidend die Geschichte. Wenn ihre Erinnerungen festgehalten werden, gehen ihre Erfahrungen in unser Gedächtnis ein. Wir erinnern uns weiter an sie, ihre Geschichte lebt, sie beeinflusst unser Handeln. Über diese Erinnerung können wir uns einen Ausschnitt des historischen Prozesses vergegenwärtigen, somit besser als zuvor die damaligen Vorgänge nachvollziehen und deuten.

In besonderer Weise gilt dies für die Schoáh und für vergleichbare Katastrophen. Die Nationalsozialisten und ihre Helfershelfer haben Millionen jüdischer Menschen ermordet. Niemand sollte übrig bleiben. Nur ein "Museum für eine untergegangene Rasse", das in Prag von der SS eingerichtet wurde, sollte den Sieg der Nationalsozialisten dokumentieren. Jede Erinnerung zählt, um das Schicksal der Ermordeten und der Überlebenden, aber auch um jene Vernichtungsaktion im Gedächtnis zu behalten. Jedes noch so kleine Zeugnis muss aufbewahrt werden, um ein Bestandteil unserer Erfahrungen werden zu können.

---

[1] Prof. Dr. Heiko Haumann lehrt Osteuropäische und Neuere Allgemeine Geschichte am Historischen Seminar der Universität Basel / Schweiz.

Herrn Arkadius Scheinker habe ich kennengelernt, als ich mit einer Gruppe von Studierenden der Universität Basel in Lörrach ein Projekt durchgeführt habe, jüdische Emigrantinnen und Emigranten aus der ehemaligen Sowjetunion nach ihrem Schicksal zu befragen. Von Frau Katja Nudelman erfuhr ich dann, dass Herr Arkadius Scheinker ihr seine Erinnerungen an Riga während der Zeit des Nationalsozialismus berichte und sie diese aufschreibe. So entstand die Idee, dieses Zeugnis zu veröffentlichen. Frau Judith Schifferle bot sich an, den Text noch einmal sprachlich zu bearbeiten. Mein Kollege Erhard Roy Wiehn war gleich bereit, ihn in seine Reihe aufzunehmen. Ihnen allen möchte ich herzlich danken.

Herr Scheinker erzählt eindrucksvoll vom Leben in Riga unter der deutschen Besatzung, von seinen Eltern, Geschwistern, Verwandten, Freunden und Bekannten. Wir sehen die Welt vor uns, die vernichtet wurde.

Basel, im März 2009

Katja Nudelman

Ein Zeugnis der Schrecken und des Optimismus

Auf einer Gedenkveranstaltung im ehemaligen Lager Gurs (Frankreich), wohin im Oktober 1940 zahlreiche Juden aus Baden und der Saarpfalz deportiert worden waren, fragte ich Herrn Scheinker, ob er seine Erinnerungen an die Zeit im Rigaer Ghetto aufgeschrieben habe. In diesem Gespräch stellte sich heraus, daß er schon lange die Idee hatte, Zeugnis von seine ermordeten Familie, von seinen Freunden und Verwandten, von seiner geliebten Stadt Riga und von dem Land abzulegen, das er verlassen mußte. Da ich mich in der Lage sah, diese Erinnerungen aufzuschreiben, kamen wir überein, uns nach der Rückkehr nach Deutschland zu treffen. Am 4. Januar 2006 begann die Arbeit.

Unser Ziel war es nicht, einen schön strukturierten "Roman" zu schreiben, sondern einen historischen Bericht über jene schreckliche Zeit. Herr Scheinker diktierte mir seine Erinnerungen und Gedanken, und ich schrieb sie in den Computer. Er versuchte dabei, die Geschichte seiner im Holocaust umgekommenen Familie aus der Sicht eines damals 19- bis 20-jährigen Jungen und zugleich aus der des heute schon einige Jahre älteren Mannes darzustellen.

Das Buch ist nicht nur ein Zeugnis der Schrecken jener Zeit zwischen 1939 und 1945, sondern auch ein Beispiel dafür, daß es selbst in schlimmsten Situationen manchmal gute Menschen gibt, die zu Hilfe kommen. Für mich ist dieses Buch ein Beispiel für die Stärke und den Optimismus von Menschen, die selbst in schwierigsten Momenten ihres Lebens die Kraft zum Lachen hatten.

Ich möchte mich bei Herrn Arkadius Scheinker herzlich dafür bedanken, daß ich bei diesem Buch mitwirken durfte. Er hat mir nicht einfach eine Geschichte erzählt, sondern auch sein Herz und seine Seele geöffnet. Für dieses Vertrauen bin ich überaus dankbar.

Einen weiteren Dank möchte ich Herrn Prof. Dr. Heiko Haumann aussprechen, der sehr geholfen hat, daß dieses Buch erscheinen kann. Ebenso danke ich sehr herzlich Judith Schifferle, die die erste Textfassung Korrektur gelesen hat. Und natürlich geht ein besonderer Dank an Prof. Dr. Erhard Roy Wiehn, der das Buch in seine Reihe aufgenommen hat, und an den Hartung-Gorre Verlag.

Lörrach, im Juni 2009

Arkadius Scheinker (links) mit seinen Schwestern Rachel (links), Betty und seinem Bruder Benno Ende der 1930er Jahre

Erhard Roy Wiehn

Zur Schoáh in Lettland

Juden lebten seit dem 16. Jahrhundert in Kurland (Süden) und Livland (Norden), Landschaften des späteren und heutigen Lettland; Anfang des 20. Jahrhunderts waren es ca. 200.000 Menschen, ca. 5% der Gesamtbevölkerung, teilautonom, bis nach dem Ersten Weltkrieg bereits um etwa die Hälfte abgewandert, und 1935 wurde eine jüdische Bevölkerung von 93.479 Menschen gezählt. Von 1918 bis 1940 war Lettland ein unabhängiger Staat und ist es wieder seit 1991.[2]

Als Folge des deutsch-sowjetischen Nichtangriffspakts von 1939 besetzten die Sowjets am 14. Juni 1940 Lettland und deportierten bald darauf ca. 19.000 "Volksfeinde" nach Sibirien, darunter ca. 5.000 Juden.[3] Am 22. Juni 1941 rückte die deutsche Wehrmacht in Lettland ein, am 1. Juli 1941 wurde Riga besetzt und bis zum 10. Juli 1941 ganz Lettland, das alsbald zum "Reichskommissariat Ostland"[4] unter Reichskommissar Heinrich Drechsler gehörte.

Mit der Wehrmacht kam auch das Killerkommando der Einsatzgruppe A, die unter Franz Walter Stahlecker die "Endlösung" in Lettland durchführen sollte. Allein von Juni bis Oktober 1941 wurden ca. 30.000 Juden aus der Provinz und ca. 4.000 aus Riga ermordet, im November und Dezember 1941 fast alle Juden der Ghettos von Riga, Daugavpils (Dwinsk, Dünaburg im Südosten) und Liepaja (Libau im Westen).

Vom Reichsführer-SS, Heinrich Himmler, beauftragt, das Ghetto Riga "zu räumen", ließ Friedrich Jeckeln in der Nacht des 29./30. November sowie am und 8 und 9. Dezember 1941 ca. 25.000 (- 28.000) Menschen im Waldgebiet von Rumbula erschießen.[5] - Am 30. November 1941[6] erreichte auch ein erster

---

[2] Siehe Eberhard Jäckel et al. (Hg.), Enzyklopädie des Holocaust. Band. II, München 1995, S. 854ff.

[3] Dazu Margit Bartfeld-Feller, Am östlichen Fenster – Gesammelte Geschichten aus Czernowitz und aus der sibirischen Verbannung. Konstanz 2002; weitere Schriften hier S. 125.

[4] Dazu Eberhard Jäckel et al. (Hg.), Enzyklopädie des Holocaust. Band. I, München 1995, S. 373f., Band III, S. 1202ff.

[5] Waldgebiet in der Nähe eines gleichnamige Bahnhofs ca. 8 km südöstlich von Riga. - Friedrich Jeckeln wurde am 03.02.1946 in Riga zum Tode verurteilt und auf dem dortigen "Platz der Freiheit" gehängt; vgl. Wassili Grossman u. Ilja Ehrenburg (Hg.), Das Schwarzbuch. Der Genozid an den sowjetischen Juden. Reinbek 1994, S. 693; dazu auch Eberhard Jäckel et al. (Hg.), Enzyklopädie des Holocaust. Band. III, München 1995, S. 1260f.

[6] http://de.wikipedia.org/wiki/Ghetto_Riga (25.06.2009)

Transportzug mit 1.053 Berliner Juden Riga, die am selben Tag alle ebenfalls im Rumbula-Wald erschossen wurden. - Am 8. Dezember 1941 wurde der berühmte Historiker Simon Dubnow aus dem Rigaer Ghetto geholt und erschossen. Noch zuletzt soll er gesagt haben: "Jidden, schreibt un varschreibt! - Juden, schreibt alles auf!"[7]

Von Januar bis Juli 1942 wurden ca. 14.000 der 20.000 aus Österreich, der Tschechoslowakei und Deutschland deportierten Juden ermordet, die meisten in den Bikernieki-Wäldern bei Riga. - Anfang 1943 gab es noch ca. 5.000 Juden in den Restghettos von Riga, Daugavpils (Dwinsk) und Liepaja (Libau) sowie in einigen Arbeits- und Konzentrationslagern, ab Juni 1943 insbesondere im KZ "Kaiserwald".[8]- Als die Rote Armee im Spätsommer 1944 in Lettland vorrückte, wurden die verbliebenen Juden weiter nach Westen verschleppt, besonders nach Stutthof östlich von Danzig

Mindestens 80.000[9] Letten waren in der lettischen SS-Legion sowie 30.000 in der lettischen Polizei organisiert und unter deutscher Aufsicht an der Durchführung der "Endlösung" tatkräftig beteiligt. Allein das lettische Arajs-Kommando mit ca. 400 Angehörigen hat ca. 30.000 lettische Juden ermordet.[10]

Von den ca. 94.000 Juden im Jahre 1935 in Lettland konnten ca. 15.000 in die Sowjetunion fliehen, von den verbliebenen ca. 79.000 sollen insgesamt nicht mehr als höchstens ca. 3.000 überlebt haben, davon ca. 1.000 die deutsche Besatzung im Lande, ca. 150 die deutschen Lager, einige Dutzend als Partisanen, der Rest irgendwie. Insgesamt wurden ca. 72% der Juden Lettlands ermordet.

Im Jahre 1970 lebten offiziell wieder 36.992 Juden in der Sowjetrepublik Lettland, die meisten waren gleich nach Ende des Zweiten Weltkriegs aus verschiedenen Gegenden der Sowjetunion gekommen bzw. zurückgekommen, bis

---

[7] Vgl. W. Grossman u. I. Ehrenburg, a.a.O., 1994, S. 695; Eberhard Jäckel et al. (Hg.) Enzyklopädie des Holocaust. Band. I, München 1995, S. 373f.

[8] Das KZ wurde ab März 1943 geplant und ab Juni 1943 in einem Vorort von Riga errichtet, dorthin wurden die meisten lettischen Juden deportiert, 1944 kamen Tausende jüdischer Frauen aus Ungarn hinzu, im März 1944 lebten dort und in verschiedenen Nebenlagern insgesamt 11.178 Menschen, 6.162 Männer und 5.696 Frauen, nur 95 Personen waren keine Juden; im September 1944 wurde das Lager geräumt; siehe Eberhard Jäckel et al. (Hg.), Enzyklopädie des Holocaust. Band II, München 1995, 728f.

[9] Laut Wikipedia sollen insgesamt sogar bis zu 160.000 Letten in deutschen Diensten gestanden haben. Siehe http://de.wikipedia.org/wiki/Lettische_SS-Verb%C3%A4nde

[10] Viktor Arajs wurde erst 1979 in Hamburg zu lebenslanger Haft verurteilt; vgl. dazu auch W. Grossman u. I. Ehrenburg , a.a.O., S. 688.

1987 sollen ein Drittel davon vor allem nach Israel abgewandert sein.[11] 1996 wurden nach Leo Dribins offiziell noch 14.551 jüdische Einwohnerinnen und Einwohner in Lettland registriert, 0,6% der lettischen Bevölkerung, 1,46% der Bevölkerung von Riga.[12]

*

Seit langem war ich am jüdischen Leben und Leiden im Baltikum interessiert und konnte im Spätsommer 1991 erstmals Vilnius besuchen, wodurch sich schon bald eine erste Publikation ergab, der weitere folgten.[13] - Im Juni 1998 weilte ich dann zum ersten Mal in Riga, war vom Dokumentationszentrum "Juden in Lettland" beeindruckt, von Dipl. Hist. Margers Vestermanis aufgebaut und betreut, der mir auch den alten Friedhof, die Überreste des ehemaligen Ghettos und die Gedenkstätte der Großen Synagoge zeigte. Interessant waren Gespräche mit dem Politiker Prof. Mavrik Vulfsons (*Nationality Latvian? - No, Jewish*, Riga 1998), besonders lehrreich die Begegnungen mit dem damaligen Chiefrabbi von Riga und Lettland, Natan Barkan. Wichtig war schließlich das Gespräch mit Prof. Dr. Leo Dribins vom Institut für Philosophie und Soziologie der Universität Riga, dessen *Juden in Lettland* damals zu den wenigen neuen jüdischen Studien zählte. Unvergeßlich blieb jedoch der Besuch der KZ-Gedenkstätte Salaspils bei Riga, - ein weites Gelände, dessen friedliche Stille um so lauter in den Ohren zu dröhnen schien; denn nicht umsonst steht am Eingang geschrieben: "Hinter diesem Tor stöhnt die Erde."

Im Spätherbst 1998 veröffentlichten wir Basja Zins *Wie ein grauenhafter Traum – Vier Jahre zwischen Leben und Tod. Jüdische Schicksale aus Lettland 1941-1945,* eine Art Kaddisch in Lettland. Es handelt sich um einen kurzen Bericht, der es um so mehr in sich hat, ein starker Text, der das kaum vorstellbare Martyrium der Juden in Lettland in persönlichen Schicksalen vor Augen führt, das Dokument einer der wenigen Augenzeuginnen, die überhaupt überlebten: Eben wie ein grauenhafter Traum führt die Autorin durch die erste Zeit der deutschen Okkupation in Lettland, das Ghetto von Riga, das KZ

---

[11] Dazu E. Jäckel et al. (Hg.), Enzyklopädie des Holocaust. Band II, München 1995, S. 854ff. u. Band III, S. 1229ff.

[12] L. Dribins, Ebreji Latvija. Riga 1996, S. 90.

[13] Grigorijus Smoliakovas, Die Nacht die Jahre dauerte – Ein jüdisches Überlebensschicksal in Litauen 1941-1945. Mit einer Dokumentation. Konstanz 1992; Solomon Atamuk, Juden in Litauen – Ein geschichtlicher Überblick vom 14. bis 20. Jahrhundert. Aus dem Litauischen von Zwi Grigori Smoliakov. Konstanz 2000; Leo Levinson, Der unvergängliche Schmerz – Zum Leben und Leiden der litauischen Juden. Ein persönlicher Bericht 1920-1945. Konstanz 2001; Benjamin Anolik, Lauf zum Tor mein Sohn – Von Wilna durch das Ghetto Wilna und sechs Lager in Estland. Jüdische Schicksale in und aus Litauen. Konstanz 2005. *(Soweit nicht anders angebenen, stammen Fußnoten und Ausgewählte Literatur vom Herausgeber.)*

Stutthof und schließlich zur späten Befreiung durch die Rote Armee. – Im Rigaer Dokumentationszentrum "Juden in Lettland" hatte ich Max Kaufmanns monumentalen Augenzeugenbericht *Churbn Lettland – Die Vernichtung der Juden Lettlands* gesehen, den der Autor 1947 im Selbstverlag in München veröffentlicht hatte, um "allen umgekommenen ein bleibendes Denkmal" zu errichten und "den kommenden Historikern, die die große Vernichtung unseres Volkes darstellen werden, Material zu liefern." Diese längst vergriffene frühe Dokumentation konnten wir mit Empfehlung von Steven Springfield, damals Präsident der *Jewish Survivors of Latvia* (USA) und einem Vorwort von Howard L. Adelson (New York) - im Frühjahr 1999 als Reprint veröffentlichten.

*

Arkadius Scheinkers folgender, sehr persönlicher Zeitzeugenbericht *Schoáh in Riga* beginnt mit seiner Kindheit und Jugend in Familie, Freundeskreis und Schule in der fast idyllischen kleinen Welt des friedlichen Riga, die mit dem Einmarsch der deutschen Wehrmacht am 1. Juli 1942 fast schlagartig vernichtet wird. Schon bald kommt es zu schrecklichen Ereignissen in Familie und Verwandtschaft, und Arkadius Scheinker gerät im jugendlichen Alter von 20 Jahren in die tödliche Mühle der Arbeits- und Konzentrationslager in Riga und Lettland, die er wie durch eine Kette von Wundern überlebt, um schließlich am 10. März 1945 in Pommern von der Roten Armee befreit zu werden, in deren Reihen er schließlich dann selbst ein Jahr dienen muß. Die bösen Erfahrungen mit Deutschen im Zweiten Weltkrieg konnten den Autor jedoch erfreulicherweise nicht davon abhalten, inzwischen seit vielen Jahren in Deutschland zu leben. Arkadius Scheinker gibt in seiner vorliegenden Schrift vor allem zahlreichen Opfern ihre Namen zurück, und sein berührender Zeitzeugenbericht enthält viele interessanten Details, die das schwarze Mosaik unserer Publikationen zur Schoáh in Lettland und im Baltikum ergänzen.

Deshalb ist Arkadius Scheinker für seine Erinnerungsarbeit *Schoáh in Riga* herzlich zu danken, die durch Prof. Dr. Heiko Haumann (Universität Basel) an uns gelangte, ganz besonders aber auch Katja Nudelman, die an der Entstehung und Edition dieser Schrift wesentlichen Anteil hat. - Wir sind überzeugt, daß Schriften wie diese erst später ihren eigentlichen Wert erweisen werden, wenn es keine überlebenden Zeitzeugen mehr gibt. Denn was aufgeschrieben, veröffentlicht und in einigen Bibliotheken der Welt aufgehoben ist, wird nicht so schnell vergessen.

11. August 2009

Arkadius Scheinker

Schoáh in Riga

Familie und Schicksale väterlicherseits seit ca. 1845

Was den Ursprung unserer Familie betrifft, so beginne ich über meine Großeltern väterlicherseits zu berichten. Mir ist bekannt, daß Benjamin (Kofman) Scheinker (Schenker) und meine Großmutter Mascha Lifschitz aus der kleinen litauischen Stadt Birzai stammten. Mein Großvater erlernte den Beruf eines Schneiders und wurde Schneidermeister. Genaue Angaben über die Geburtsdaten meiner Großeltern sind mir nicht bekannt, nach Einschätzungen meines Cousins Benno Elsteins (geb. 1920) wurde mein Großvater zwischen 1845 und 1850 geboren, die Großmutter war 10 Jahre jünger als er. Seinerzeit gehörte das Baltikum zum russischen Zarenreich. In den 1870er Jahren kamen die jungen Eheleute Mascha und Benjamin nach Riga, wo sie an der Ritterstraße 102 ein Grundstück erwarben und ein Holzhaus erbauten. In diesem Haus wurden ihre Kinder geboren, und hier wuchsen sie auf. Zuerst kam meine Tanten Frida (1877) zur Welt, dann Rachel (1878), nach ihr Onkel Herman (Hirsch 1879), mein Vater Simon (Schimon-Samson 1881), Onkel Arnold (Aharon 1883), Tante Tanja (Taube-Thekla 1889) und als jüngstes Kind Ilja (Elli, ca. 1891/93). Über meine Tanten Rachel und Frida weiß ich sehr wenig, mir ist nur bekannt, daß sie früh gestorben sind.

Tante Frida (1877) heiratete den Geschäftsmann und Schneidermeister Herrn Scher. Dieser Ehe wurden drei Kinder geboren, nämlich Rudolf, William und Mary. Alle drei waren musikalisch begabt: Rudolf spielte Cello, William Geige und Mary Klavier. So bildeten sie zu Hause ein Trio und spielten klassische Werke. Rudolf, der Älteste, studierte Medizin in Sankt Petersburg und wurde Arzt. Nach der Revolution wurde er Militärarzt, diente in Leningrad, kehrte also nach seinem Studium leider nicht in seine Heimat zurück. Als die Sowjetunion 1940 die baltischen Staaten einverleibte, kam Rudolf Scher zu Besuch nach Riga, und die ganze Familie traf sich in der Neustraße 25/29, Wohnung Nr. 12. - William machte eine Karriere als Geiger, spielte in noblen Rigaer Restaurants zusammen mit dem Komponisten und Pianisten Oskar Strock und war bekannt als Spezialist für moderne Musik. - Mary hatte als Ehefrau weniger Glück, denn als junge Mutter verlor sie ihren geliebten Sohn Marek, der als kleiner Junge im Treppenhaus vom vierten Stock in den Treppenhausschacht hinunterfiel und tödlich verunglückte. Dieses Unglück wirkte auf Marys Psyche negativ, und kurz darauf trennte sie sich von ihrem Mann. Sie blieb kinderlos, hatte aber einen Freund namens Morgenburger und wohnte in der Nähe des Rigaer Schlosses in der Altstadt. Sie überlebte den Holocaust nicht und wurde 1941 in Rumbula erschossen.

Tante Rachel heiratete einen gelernten Fachmann der Möbelbranche namens Heiman (Honon) Lasar. Das Ehepaar hatte drei Kinder: Rebekka, Riva (Rivka) und Max (Moses). Tante Rachel starb sehr früh. Ihre Kinder Rebekka und Riva (Rivka) kamen nach Moskau, erlernten einen Beruf: Rebekka wurde Buchhalterin und arbeitete viele Jahre in einem großen Unternehmen in Moskau; sie war verheiratet, hatte aber keine Kinder. Über Riva habe ich keine Information. - Max (Moses) wohnte in Riga mit seinem Vater Heiman Lasar. Max gründete eine Familie, hatte einen wunderbaren Sohn mit dem Namen seines Onkels Herman (nach dem Tod von Onkel Herman). Leider wurden 1941 alle drei ermordet. Das tragische Schicksal von Max erwähne ich hier noch an späterer Stelle (siehe Seite 48/49).

Onkel Herman (Hirsch) absolvierte als junger Mann eine kommerzielle Ausbildung in Riga. Er beherrschte vorzüglich Deutsch, die damalige Umgangssprache in Rigaer Kaufmannskreisen. Er gründete ein Geschäft, und da er durch seinen Vater mit Stoffen vertraut war, wurde er Kaufmann, weshalb er in Riga wohnen durfte und ein Geschäft in der Kalkstraße betreiben konnte. Im Jahre 1912 heiratete er die Tochter eines Kaufmanns, Gitta Herzberg, in Libau, Kurland. Es kamen drei Kinder zur Welt: Miron, Sophie und Harry (Chaim). Familie Herman Scheinker wohnte damals in einem vornehmen Haus in einer 7-Zimmer-Wohnung in der Wallstraße. Onkel Herman war ein erfolgsreicher Kaufmann und auch musikalisch begabt, er spielte Geige. Ich erinnere mich, daß sich im Salon seiner Wohnung ein Podium befand, auf dem das Klavier stand, und daß eine Geige an der Wand hing. Herman ging regelmäßig in die Chorschule der Synagoge in der Gogolstraße. Er nahm mich öfters mit in die Synagoge, wo der ausgezeichnete Kantor (Tenor) Jadlovker und später der talentierte Kantor Friedland sangen. Leider verstarb Onkel Herman Mitte der 1930er Jahre in Riga und wurde auf dem Friedhof Schmerli begraben. Seine Frau Gitta wurde während der Aktion vom 8. Dezember 1941 zusammen mit ihrem älteren Sohn Miron (Myer) samt seiner Familie (Frau Sophie, geb. Messter und ihr kleines Kind) ermordet. - Miron (Myer, 1913) besuchte die deutsche Erich German Privatschule in der Blaumannstraße (früher

Nevelstraße). Nach der Absolvierung des Gymnasiums wurde er Student der Lettischen Staatsuniversität in Riga (Fakultät Maschinenbau). - Seine Schwester Sophie (Sonja) besuchte die deutsche Luther-Schule in Riga. Als Mädchen war sie sehr anmutig und schön. Sie heiratete im Jahre 1937 Adolf (Adja) Weinberg, den sie kennen gelernt hatte, als sie als Sekretärin in seinem Büro arbeitete. - Der jüngste war Harry (Chaim, 1917), der sich wesentlich von seinem älteren Bruder Miron unterschied. Nach Abschluß der 10. deutschen städtischen Grundschule in der Schützenstraße (Strelniekuiela in Riga 1931, wurde er Angestellter des noblen Modewarengeschäfts "Luis Thal" in der Kalkstraße. Er war praktisch veranlagt, und als er in den 1930er Jahren Existenzprobleme hatte (Weltwirtschaftskrise!), beschloß er, den Beruf des Zuschneiders für Oberhemden zu erlernen, und zwar bei dem bekannten Modelzuschneider Aron Barnbaum.

Vaters jüngerer Bruder Arnold (Aharon, 1883) absolvierte ein deutsches Gymnasium in Dorpat (Tartu, Estland). Danach studierte er Medizin an den Universitäten Bonn und Berlin. Als junger Arzt heiratete er Faina Brawaja, die Tochter eines reichen Juweliers in Sankt Petersburg, und blieb auch nach der Oktoberrevolution in Leningrad als bekannter und ausgezeichneter Kinderarzt. - Der Familie wurden zwei Töchter geboren: Margarita und Viktoria. Margarita wurde als Tochter eines deutschsprachigen Arztes Deutsch-Lehrerin. Kurz vor Beginn des Zweiten Weltkrieges heiratete sie einen jungen Offizier litauischer Herkunft, Wiktor Radkewitsch, und überlebte mit ihrer Schwester Viktoria die deutsche Blockade von Leningrad. - Auch Onkel Arnold (Aharon) überlebte die Blockade, und bei erster Gelegenheit kehrte er nach dem Kriege für einige Zeit in seine Heimatstadt Riga zurück. In Riga konnte er anscheinend nicht richtig Fuß fassen und entschied sich für Leningrad, wo er wieder als Kinderarzt tätig wurde. Onkel Arnold (Aharon) starb im Oktober 1955 und wurde auf dem jüdischen Friedhof in Sankt Petersburg bestattet. - Die jüngere Tochter Viktoria studierte an der Universität in Leningrad und wurde Ingenieurin; in den 1990er Jahren wanderte sie mit ihrer Familie nach Israel aus. Ihr Sohn Vadim Monastyrskij absolvierte das Konservatorium in Leningrad und wurde Dozent und Konzertpianist in der UdSSR. Er wanderte 1993 nach Israel aus, wo er heute als Professor an der Akademie für Kunst und Musik in Jerusalem arbeitet.

Ein ganz besonderes Schicksal hatte der jüngste Bruder meines Vaters, Ilja (Elli), der in vielen Richtungen sehr begabt war. So besaß er schon in Kinderjahren große Musikalität in Gesang und am Klavier. Man glaubte, er würde ein ausgezeichneter Kantor (Chasan) werden, es kam aber anders. Der Erste Weltkrieg begann, Ilja wollte nicht zum russischen Militär, begann eine Odyssee und kam, wenn auch mit Umwegen, nach Wien, in die Hauptstadt des damaligen österreichisch-ungarischen Imperiums. Als russischer Bürger hatte er seinerzeit sofort große Probleme, er wurde der Spionage verdächtigt und mußte ins Gefängnis, bis eine vollständige Prüfung seiner Person durchgeführt war. - Zurück in die Heimat durfte er nicht, verdiente in Wien seinen Unterhalt als Sänger und nahm zugleich Vokalunterricht. Onkel Elli versuchte, sich auch als Komponist einen Namen zu machen, hatte einen gewissen Erfolg und erhielt ein Diplom für seinen "Margariten Walzer". Wir besaßen vor dem Krieg eine Kopie seines Diploms, das eingerahmt in unserer Wohnung hing. Onkel Ilja war überdies ein begabter Pianist. Er spielte alles aus dem Gedächtnis und improvisierte alle möglichen Opermelodien. So erinnere ich mich an seinen Besuch in Riga, als er bei uns zu Hause gerne am Klavier saß und wie er besonders virtuos seine eigene Bearbeitung der Arie *Dalilas* aus der Oper *Samson und Dalila* von Camille Saint-Saëns vortrug. - In der ersten Zeit nach dem Ende des Ersten Weltkrieges hatte Onkel Ilja trotzdem Schwierigkeiten, in der Weltstadt Wien als Sänger eine Existenz aufzubauen. Als begabter und technisch erfinderischer Mensch kam er bald in Berührung mit technischen Geräten, und nach einiger Zeit hatte er Neuerungen für Vervielfältigungsapparate erfunden und patentieren lassen. So kam er als Erfinder-Konstrukteur zu einer eigenen Firma mit dem Namen "Vervielfältigungsapparate Sensator" endlich auf einen grünen Zweig und war stolz auf seinen Erfolg, der ihm eine vollkommene materielle Selbstständigkeit sicherte. Nachdem er das erreicht hatte, besuchte er ständig seine frühere Heimat Riga und alle Verwandte als wohlhabender Eigentümer einer Firma. Sein Besuch aus Wien wurde bei uns immer groß gefeiert. Ich kann mich erinnern, daß unsere Eingangstür mit der Aufschrift "Willkommen!" geschmückt wurde. - Bei seinem letzten Besuch in Riga im Jahre 1937 spürte man schon eine Spannung in der Politik seitens der Hitler-Diktatur in Europa. Als Onkel Ilja erfuhr, daß mein Bruder Benno ins Militär der lettischen Republik eingezogen war, gab er folgenden Kommentar: "Seid doch zufrieden, daß man bei EUCH noch Juden in die Armee nimmt!" Im März 1938 folgte der "Anschluß" Österreichs an Deutschland. Österreich verlor seine Selbstständigkeit, und es begann die schlimme Judenverfolgung mit allen Konsequenzen. Viele Juden kamen in die KZs. Onkel Ilja wurde verhaftet, kam ins KZ Dachau und mußte seine Firma "Sensator" einem "Arier" überlassen. Ilja hatte G'tt[14] sei Dank Glück, über die neuen Zustände in Wien

---

[14] Schreiweise religiöser Menschen, die sich damit symbolisch an die Weisung halten wollen, den Namen des Ewigen nicht auszusprechen.

seine Schwester – meine Tante Tanja in Kaunas, Litauen – informieren zu können. Tanja Elstein, die im Stadtzentrum ein Parfümerie-Drogerie-Geschäft besaß, hatte ausgezeichnete Beziehungen zur Stadtverwaltung und zu den Ministerien in Kaunas. Als sie von der Inhaftierung ihres Bruders erfuhr, verfaßte sie mit Hilfe der zuständigen Institutionen der Stadt ein Dokument, in dem stand, daß Bürger Ilja Scheinker litauischer Staatsbürger ist. Dieses Dokument wurde in das betreffende KZ gesandt, woraufhin Onkel Ilja Scheinker sofort entlassen wurde. - Onkel Ilja konnte aus dieser Hölle fliehen, und das wollte er so schnell wie möglich. Er durfte sein gespartes Kapital nicht mitnehmen, es war ihm aber gestattet, für das Geld alle mögliche Einkäufe zu machen. Natürlich mußte er seine schöne Wohnung liquidieren. Er verkaufte seinen "Bösendorf"- Konzertflügel, seine Automobile, und für das eingelöste Geld kaufte er große Koffer, unzählige Kleidungsstücke und sonstigen Bedarf für viele Jahre. Das wichtigste war jedoch, daß er gesund aus der Hölle der Nazidiktatur ins Ausland gelangen konnte, und zwar zu seiner Schwester Tanja. Man traf sich und war sehr erfreut, sich wiederzusehen. Mein Onkel hatte die Absicht, gleich nach New York weiterzureisen, nach kurzer Zeit realisierte er diesen Plan und gelangte nach Amerika. Es wurde abgesprochen, sobald sich Ilja in New York etabliert habe, sollte auch Tanja (damals leider schon Witwe) mit ihren zwei Kindern Benno und Lucy (Lea) nachkommen.

Tante Tanja wurde ganz gewiß von ihrem Bruder Ilja überzeugt, daß es in Europa keine gute Zukunft gebe, besonders nach den schrecklichen Schilderungen über die Verfolgung der Juden in Wien 1938. Leider konnte der Emigrations-Plan jedoch nicht verwirklicht werden, denn am 22. Juni 1941 überfiel die deutsche Wehrmacht die Sowjetunion, und zu den ersten Opfern gehörten die baltischen Staaten. Tanja kalkulierte etwas zu langsam und war nicht entschlossen genug, möglichst bald ihrem Bruder zu folgen. Ihre ausgezeichnete materielle Situation in Kaunas verzögerte von Jahr zu Jahr ihren Auswanderungsplan. Nach Beginn des Zweiten Weltkriegs am 1. September 1939 war es natürlich auch sehr riskant, eine Seereise nach Amerika zu unternehmen. –

Der Zweite Weltkrieg begann. In Riga spürte man dieses Weltgeschehen vorerst nur wenig. Für die jüdische Bevölkerung in Riga folgten die tragischen Ereignisse 20 Monate später. Leider hatte sie diese noch mögliche Frist fürs Überleben wenig genutzt. Der Holocaust holte sie ein, denn am 1. Juli 1941 fiel Riga in die Hände der Deutschen Wehrmacht und der SS-Sonderkommandos. Es begannen die schwarzen Tage für die jüdische Bevölkerung – der Holocaust.

Nach dem Überfall auf die Sowjetunion waren die deutschen Truppen nach wenigen Tagen in Kaunas. Sofort begann eine brutale, mörderische Verfolgung der Juden. Es galten die bekannten antisemitischen Gesetze, denen Judenstern, Ghetto, KZs und Vernichtungsaktionen folgten. Tante Tanja und ihre beiden Kinder Benno (Benjamin) und Lucy (Lea), kamen ins Ghetto. Die Judenvernichtung in Litauen verlief ähnlich wie in Lettland. Täglich wurden Tausende ermordet. Hitler hatte verkündet, daß "die jüdische Rasse" in Europa ausgerottet werde. Man glaubte aber nicht, daß dies möglich sei. Leider irrten sich die meisten und mußten recht bald erkennen, daß es keinen Ausweg gab, um der Vernichtung zu entgehen.

Familie und Schicksale mütterlicherseits seit 1891

Meine Mutter Lydia (Liba, geb. 1891 in Mitau, Jelgava, einst die Hauptstadt Kurlands, Sitz des Herzogs) war die einzige Tochter unter sechs Söhnen der Familie Schimon Gottlieb. Mitau hatte eine beachtliche deutsche Bevölkerung mit deutschen Schulen und Gymnasien, und Meine Mutter absolvierte die deutsche Töchterschule. Mama sprach vier Sprachen, nämlich Deutsch, Lettisch, Russisch und Jiddisch, am besten beherrschte sie Deutsch. Mama verlor früh ihre Mutter und war als älteste ihrer Geschwister verpflichtet, ihre jüngeren Brüder zu erziehen.

Meine Mutter hatte einen älteren Bruder, Isaak, der später als Apotheker in der Provinz Wolmar tätig war und im Pale wohnte. Die Namen der jüngeren Brüder waren Abram, Samuel, Nikolaj, Moritz und Max. Alle wohnten in Riga, waren verheiratet und hatten Familien, außer Isaak und Max, der als Gehilfe in der Apotheke seines Bruders Isaaks arbeite.

Im Februar 1913 heiratete meine Mutter meinen Vater Simon (Samson) Scheinker (Schenker), die Hochzeit fand in Mitau statt. Mein Großvater mütterlicherseits, Shimon Gottlieb, führte mit seinem Bruder Hirsch einen Altmetall-Handel an der Teichstraße in Mitau und besaß zwei Wohnhäuser. Nach dem Tode seiner ersten Frau heiratete er wieder und hatte mit der zweiter Frau zwei Töchter, meine Tanten Mary (geb. 08.06.1916) und Lea (geb. 03.03. 1919). Mary heiratete kurz vor dem Krieg den Zahntechniker Boris Zesvan aus Daugavpils (Dünaburg). Lea studierte vor dem Krieg im Pädagogischen Institut in Riga Englisch und war damals oft bei uns zu Hause. Meine jungen Tanten Mary und Lea wurden bei der ersten Aktion in Rumbula am 29. November 1941 ermordet.

Mutter hatte einen Cousin namens Gottlieb, der mit seiner Familie etwa 1936 aus Libau (Liepaja) nach Riga übersiedelte. Die Kinder der Familie Gottlieb waren schon erwachsen. Charlie, der älteste, war Uhrmacher, heiratete 1939 in Riga, seine Hochzeit fand im Rigaer Athletenclub statt, unsere ganze Familie war anwesend, außerdem viele Gäste, und als Kellner bedienten uns jüdische Flüchtlinge aus Österreich. Auf dieser Hochzeit machte der bekannte jüdische Fotograf Schneeberg Fotos, auch von unserer Familie; leider besitze ich heute nur einige davon. Auf den Fotos sieht man uns Kinder, leider aber meine Eltern nicht. - Die anderen Geschwister Gottlieb hießen Harry ("Keke"), Herta und Sonja. Harry arbeitete als Verkäufer bei unserem Onkel Abram im Tabakgeschäft an der Matheerstraße (Matisa iela) in Riga. Er war ein begabter Sänger und besaß eine gute Stimme; die ganze Familie war musikalisch, besonders die ältere Schwester Herta, die später im Rigaer Konservatorium zur Koloratursopranistin ausgebildet wurde. Als junges Mädchen kam Herta oft mit ihren Eltern zu uns auf Besuch. Bei dieser Gelegenheit sang sie mit besonderem Ausdruck jiddische Volkslieder, populäre Lieder des polnisch-jüdischen Poeten Mordechaj Gebirtig. Zufällig war der bekannte Tenor Leonid Sahodnik bei einem ihrer Konzerte anwesend und von ihrer Stimme begeistert. Es begann eine enge künstlerische Freundschaft im Duettsingen, und Herta wurde seine Frau. 1939 gab Herta Gottlieb im Konservatorium ein Solokonzert und erhielt großen Beifall; sie ist im Holocaust in Riga umgekommen. Ihr Mann Leonid Sahodnik überlebte die Kriegsjahre in der Sowjetunion; als Mitglied der lettischen Kunstgruppe war er im Juni 1941 in Moskau. - Harry (Keke) und Sonja Gottlieb überlebten den Holocaust zuerst im Rigaer Ghetto, später im KZ Kaiserwald und schließlich 1944 in Stutthof bei Danzig. Nach der Befreiung emigrierten sie in die USA: Sonja heiratete den bekannten Rigaer Musikgeschäftsinhaber Ludsin in New York. Harry (Keke) war als Kantor (Chasan) in verschiedenen Synagogen in den USA tätig.

Abram Gottlieb, ein Bruder meiner Mutter, heiratete Fanny Davidowa, sie hatten eine Tochter namens Bella (geb. um 1926) und wohnten neben ihrem Geschäft in der Matheerstraße. - Bella war eine gute Schülerin in der Esra-Schule, hatte eine besondere Begabung für Sprachen und beherrschte außer Deutsch sehr gut Lettisch. Sie hatte eine lettische Freundin, Skaidrite Weiss; deren Vater war Oberst in der lettischen Armee und mein Lehrer im Fach "Elementare Militärausbildung" am Rigaer Sabiedriska Gymnasium[15] in der

[15] Rīgas žīdu sabiedriskā gimnasija, Rigaer Jüdisches Gesellschaftliches Gymnasium; im folgenden wird nur noch die deutsche Kurzform verwendet: Rigaer Sabiedriska Gymnasium.

Mühlenstraße 29. Ich hatte mich für dieses Fach interessiert und erhielt die Bestnote (eine 5!). Die Freundschaft zwischen Bella und Skaidrite Weiss war sehr eng und herzlich. Bella deklamierte vorzüglich lettische Gedichte in ausgezeichneter Aussprache, z.B. das Lied-Gedicht "Lai ligo lepna dziesma", das seinerzeit sehr populär war. - Am 14. Mai 1941 wurde die Familie Abraham Gottlieb und meine Cousine von den Sowjets nach Sibirien deportiert.[16] Bella überlebte die Kriegsjahre in Sibirien, später in der Stadt Krasnojarsk. Sie heiratete dort und hatte eine Tochter. - Die Eltern Abram und Fanny überlebten nicht. - Oberst Weiss meldete sich freiwillig in die lettische Legion im Kampf gegen den "Bolschewismus". Er kämpfte an der Wolhov-Front im Norden und fiel vermutlich 1943 im Kampf. - Nach dem Krieg erfuhr ich von unserem Verwandten Robert Levi, der den Holocaust überlebte und nach Riga zurückkehrte, daß unsere Cousine Bella am Leben war, in Krasnojarsk geheiratet und eine Tochter zur Welt gebracht hatte. Bella besuchte mich mit ihrer Tochter in Riga etwa 1960. Ob sie ihre Freundin Skaidrite Weiss jemals wiedersah, weiß ich nicht. Bella besuchte auch ihren Cousin Robert Levi in Riga; dieser Besuch war relativ kurz, sie kehrte nach Krasnojarsk zurück, wir korrespondierten eine Weile, später erfuhr ich, daß Bella in Krasnojarsk verstorben war. Über das Schicksal ihrer Tochter ist mir nichts bekannt.

Wie oben erwähnt, hatte meine Mutter sechs Brüder: Isaak (der älteste) und Max (der jüngste) waren nicht verheiratet.

Onkel Samuels Frau hieß Rebekka und kam aus der kleinen Provinzstadt Warakljani im Kreis Latgallen, wo viele jüdische Familien wohnten. Samuel und Rebekka hatten drei Kinder: Betty, Abram (Abrascha) und Mary, die alle im Herbst und Winter Geburtstag feierten, und zwar immer besonders ausgiebig und lustig im ganzen Familienkreis. Onkel Samuel besaß ein Geschäft in der Rivalerstraße (Tallinnstraße). Mein Bruder Benno arbeitete eine Zeitlang als Lehrling in diesem Geschäft. Seinerzeit begann eine enge Freundschaft zwischen meinem Bruder Benno und Theodor Blumenau, der aus der Stadt Talsen (Talsi) in Kurland, kam. Diese Freundschaft bestand bis zu Beginn des Krieges. Theodor Blumenau entschied sich für die Sowjetunion und überlebte die Kriegszeit.

[16] Vom sowjetischen Geheimdienst NKWD wurden am 14. Juli 1941 ca. 15.000 Menschen als sogenannte "Volksfeinde" nach Sibirien deportiert, vor allem Juden, aber auch wohlhabende oder mißliebige Bürger, um deren Besitz samt Wohnungen zu konfiszieren; siehe dazu Margit Bartfeld-Feller, die mit ihrer Familie sowie Tausenden aus Czernowitz deportiert wurde; Literatur hier Seite 124 u. 132f..

Onkel Nikolaj heiratete Emma, die Tochter des Bäckereigroßunternehmers "Sekunde", der einige Filialen in Riga besaß. Tante Emma war sehr schön, hatte ausgezeichnete Musikkenntnisse und war eine leidenschaftliche Opernbesucherin. Ich kann mich erinnern, daß sie in einem Gespräch einmal sagte, sie habe mehr als zehnmal die Oper *Carmen* besucht und möchte diese Oper immer noch hören. Onkel Nikolaj und Emma hatten zwei Söhne, an deren Namen ich mich nicht erinnere. - Tante Emma hatte einen Bruder, der an Lungentuberkulose litt und ständig in Behandlung war. Ich erinnere mich, daß seine Eltern ihn in ein Sanatorium in die Schweizer Berge schickten, wo er über längere Zeit kuriert wurde. Das war natürlich mit großen Ausgaben verbunden, die sich nur wohlhabende Leute leisten konnten. Tante Emma erwähnte den Aufenthalt ihres Bruders in der Schweiz recht oft, dabei hörte ich zum ersten Mal von der Heilkraft der Schweizer Alpenluft bei Lungenkranken. - Als ich 1980 nach Weil am Rhein kam, hatte ich die Gelegenheit, die Schweizer Alpen selbst kennen zu lernen, indem ich regelmäßig zum Skifahren hinfuhr. Meine Kenntnisse über Skifahren in der Schweiz waren im Vergleich zu meinen diesbezüglichen Vorkriegserfahrungen auf den Hügeln um Riga (Schmerli, Jugla, Sigulda, Ropazi und andere) gleich Null. Erfolgreich erlernte ich jedoch im Verlauf von 15 Jahren mehr und die Abfahrtskunst in den Schweizer Alpen, und dies im Alter zwischen 64 und 79 Jahren. - Über Tante Emma möchte ich noch folgendes erzählen: Es war in den Oktobertagen 1941, als das Tor zum Großen Ghetto geschlossen wurde. Tante Emma stand am Tor und bat einen deutschen Wachmann um Erlaubnis, einen Gegenstand zu erhalten, der von ihrem Hausmeister gebracht wurde. Der Wachmann hatte seine Instruktionen erhalten, alle Kontakte mit der Außenwelt zu unterbinden. Nun sah ich folgende Szene: Mit ihrem besonderen Charme veranlaßte Tante Emma schließlich den Wachtmeister, die Augen zuzudrücken, damit sie den Gegenstand in Empfang nehmen konnte. Nun kam mir bei dieser Szene die Oper *Carmen* in Erinnerung, wo die Zigeunerin – hier Tante Emma – mit ihrem Charme ihren Wachtmeister beeinflussen konnte! Dies war das letzte Mal, daß ich meine Tante Emma sah, denn in der Aktion vom 29. November 1941 wurde sie mit ihren Kindern in Rumbula ermordet.

Onkel Moritz heiratete die sehr schöne Frau Jenni, sie hatten zwei Kinder. Onkel Moritz ist sehr früh gestorben, und Tante Jenni blieb mit ihren Kindern als Witwe zurück.

Leider sind die meisten der erwähnten Verwandten schon bei der ersten und zweiten "Aktion" 1941 ermordet worden. Onkel Samuel und sein Sohn Abrascha waren bei diesen "Aktionen" nicht dabei, aber trotzdem überlebten sie den Holocaust nicht.

Meine Mutter hatte auch Verwandte im litauischen Vilnus (Wilna), Kovno (Kaunas) und anderen Städten.

Eine Cousine meiner Mutter, Zilia Schechter, wohnte in Riga und war eine bekannte Damenschneiderin, sie hatte drei Kinder, nämlich Ella und zwei Söhne, einer hieß Don (jiddisch "Donske"); der ältere Sohn, dessen Name ich nicht erinnere, lebte in Südamerika, meist in Brasilien (São Paulo oder Rio de Janeiro). Als im Oktober 1941 in Riga das Ghetto errichtet wurde, wohnte ich von Oktober bis November bei Zilia Schechter. - Donske besorgte damals illegal Lebensmittel von außerhalb des Ghettos, was streng verboten war. Das Ghetto war damals schon mit Stacheldraht hermetisch umzäunt: Wie Donske es trotzdem schaffte, ist mir bis heute ein Rätsel. Auf jeden Fall kam er jeden Abend zu seiner Mutter nach Hause, um ein gutes Abendessen zu verzehren, was damals eine Existenzfrage war. Er wußte, daß ich im Ghetto hungerte, und so ließ er einen Teil seines Abendessens für mich zurück, wofür ich ihm sehr dankbar war. Donske war etwa sieben bis acht Jahre älter als ich. Er riskierte sein Leben, und es ist anzunehmen, daß er eines Tages von der SS oder vom SD geschnappt wurde. Er überlebte diese Zeit nicht. – Erstaunlicherweise überlebte seine Mutter, Tante Zilia Schechter, beide großen Aktionen vom 29. November und 9. Dezember 1941. Ich erfuhr, daß sie in einer Schneiderei kaserniert wurde und vielleicht bis 1944 noch in Riga überlebte. Mehr weiß ich nicht von ihr. - Ihre Tochter Ella hatte ein besseres Schicksal: Nachdem sie jahrelang als Stenotypistin im Büro des Unternehmers Gluhovski arbeitete, das sich in unserem Haus in der Großen Schmiedestraße 66 befand, entschloß sie sich 1934 zu einer Reise nach Südafrika, heiratete dort, blieb aber nicht lange, da sie sich bald scheiden ließ. Kurz danach emigrierte sie in die USA, wo sie zum zweiten Mal heiratete. In den Kriegsjahren bekam sie einen Sohn: Kenneth Rowen (Rosental) ist heute ein erfolgreicher Jurist mit einem Büro in Kalifornien. Kenneth hat von seiner Mutter viele guten Eigenschaften geerbt: Lebenslust, Optimismus, Humor und ausgezeichnete Kenntnisse in seinem Fach. Er ist ein guter Organisator, besitzt eine juristische Kanzlei und Notariate. Wir haben bis heute herzliche Beziehungen zu ihm.

Erinnerungen an meine Kindheit in Riga seit 1921

Ich wurde am 4. Mai 1921 als viertes Kind in einer jüdischen Familie in Riga geboren, meine Mutter genau 30 Jahre alt. Mein Bruder Benno, der älteste, kam am 22. Dezember 1914 zur Welt. Ich hatte zwei ältere Schwestern, Betty (geb. 13.09.1916) und Rachel (Raja, geb. 26.03.1920). Meine ersten Erinnerungen gehen bis zum glücklichen Tag meines vierten Geburtstags am 4. Mai 1925: Als mir meine Mutter am Morgen gratulierte, war mein Kinderstuhl im Speisezimmer mit einem Lorbeerkranz geschmückt, und sie sagte, daß ich heute das Geburtstagskind sei. Auf dem Tisch lagen einige Spielsachen und ein Bilderbuch. Ich war sehr stolz, auch einmal im Zentrum der Familie zu stehen. Ich war das vierte und jüngste Kind, in der Familie und besonders bei den Geschwistern spielte das immer eine Rolle. Die älteren waren die klügeren, und oft hatte ich mich damit abzufinden.

In den Jahren 1926, 1927 und 1928 hatte ich eine deutsche Erzieherin namens Irma Rytewski. Bei uns zu Hause sprach man deutsch, und wir Kinder beherrschten die jiddische Sprache nicht. Um so interessanter und lustiger wurde sie für uns, als wir im Kontakt mit jiddischsprechenden Kindern die Sprache hörten. Sie klang in unseren Ohren überaus lustig, und wir mußten zu Hause oft über jiddische Wörter lachen. Zu Hause sprachen wir ein korrektes Deutsch, Jiddisch war uns fremd.

Mein Vater besaß damals ein Modewarengeschäft in der Kalkstraße 21 im Zentrum von Riga. Ich habe nur spärliche Erinnerungen an meinen Vater und möchte nur kurz auf eine kleine Charakteristik meines Vaters hinweisen. Papa war Geschäftsmann, beherrschte ausschließlich Deutsch, sonst nur gebrochen Russisch und Lettisch. Seine Kundschaft und seine Verkäuferinnen im Geschäft waren deutschsprachig, damals war Deutsch die Sprache der oberen Gesellschaftsschicht in Riga, denn ein wesentlicher Teil der Bevölkerung war balten-deutsch, und viele hatten ihre Ausbildung an deutschen Universitäten erhalten. Hier sind besonders die Universitäten Königsberg, Berlin, Leipzig, Dresden und Dorpat zu erwähnen. Es hieß immer: Papa sei im Geschäft, oft bis zum späten Abend.

Wir Kinder sahen unseren Papa eigentlich meist am Sonntag. Trotzdem erinnere ich mich an meinen Vater als lebenslustigen, energischen, dynamischen Menschen. Papa hatte viel Sinn für Humor und erzählte bei guter Laune lustige Anekdoten und Witze. Ich erinnere mich an die Zeit im Alter von vier bis fünf Jahren, als Papa einmal mittags für eine Stunde nach Hause kam und sich vor allem mit uns Kindern herzlich amüsierte. Er trieb lustigen Schabernack mit uns, indem er mich und meine Schwestern über Schultern und Rücken rutschen ließ. Das Spiel hieß bei Papa "Ein Säckchen Mehl". Papa war damals etwa 45 Jahre alt. Diese Begegnungen mit unserem Vater am Mittag waren für uns Kinder besonders lustig und amüsant.

Papa hatte in der Altstadt seinen Friseur, Herrn Schenk, der ein Deutscher war. Regelmäßig besuchte er das deutsche Café "Kalt", las die deutsche Tageszeitung "Rigasche Rundschau" und verehrte die Musik Richard Wagners. Papas Oberhemden wurden von der Firma Kron gewaschen, und am liebsten aß er seine Rundstücke und Kuchen von der Bäckerei Herrenberger an der Alt-Rigaer Königstraße.

An unserer Erziehung wie auch bei Schularbeiten nahm mein Vater nicht unmittelbar teil. Man könnte das vielleicht mit seinem Alter erklären, während meiner Schulzeit war er zwischen 50 und 60 Jahre alt. Deshalb habe ich Erinnerungen an ihn vor allem als Geschäftsmann und in reifem Alter.

Ganz andere Erinnerungen habe ich an meine liebe Mutter, die immer bei uns war. Besonders erinnere ich mich an die schönen, langen Spaziergänge im Winter. Ich glaube, Mama liebte die Winterzeit. Sie nahm mich an der Hand, und wir gingen stundenlang durch viele schöne Straßen, Anlagen und Parks. Im Spätherbst gingen wir eine gute Stunde spazieren, und als wir am schönen Kinotheater "Splendid Palace" vorbeigingen (ich war damals etwa 10-11 Jahre alt) und die Kinoreklame "Chopins Abschiedswalzer" mit dem Schauspieler Wolfgang Liebeneier lasen, beschloß meine Mutter, sich diesen Film mit mir anzuschauen. Dieser Film hinterließ in mir einen unauslöschlichen Eindruck. Ich hörte die wundervolle Musik von Chopin und war begeistert. Dieser Film erweckte in mir großes Interesse an Chopins Klaviermusik und führte dazu, daß ich meine Eltern um Klavierunterricht bat.

In diesem Zusammenhang kam eines Abends ein guter Freund meines Bruders Benno zu uns, ein Student der Musikakademie (Konservatoriums), Moses Salmonsohn.

Im folgenden möchte einige wichtige Erinnerungen an meinen ersten Klavierlehrer Moses (Mausi) Salmonsohn, der in der Großen Königstraße in der Rigaer Altstadt wohnte, Sohn eines Antiquitätenhändlers. Salmonsohn war Student des Rigaer Konservatoriums bei Prof. Daugul, der uns besonders als hervorragender Pädagoge für technische Leistungen und Fingerfertigkeit bekannt war. Es war an einem Abend im Herbst 1932. Herr Salmonsohn war bei uns eingeladen, um mit meinen Eltern über den Klavierunterricht zu sprechen. Mein Vater hatte ein musikalisches Ohr und verehrte nach meinen Erinnerungen die Musik von Johann Sebastian Bach und Richard Wagner. Wir hatten zu Hause – wie erwähnt - ein gutes Klavier der Firma "Dietrich et Freres", gebaut in Sankt Petersburg. Meine Mutter erhielt das Klavier als Mitgift zu ihrer Hochzeit. Mama spielte gerne Walzer von Chopin und technische Salonstücke. Natürlich wurde Herr Salmonsohn gebeten, auf unserem Klavier etwas vorzutragen. Ich erinnere mich, als wäre es heute, wie er eine Variation eines Themas aus einer Oper von Gluck spielte, außerdem einige Etüden von Frédéric Chopin. Ich war ganz begeistert von seinem ausgezeichneten Spiel und seiner brillanten Technik. Der Pianist Moses Salmonsohn verkörperte damals für mich die Vollkommenheit eines Virtuosen. Meine Schwester Rachel und ich erhielten einmal wöchentlich Klavierunterricht bei ihm, der damals Student der höheren Klasse am Rigaer Konservatorium war.

Er absolvierte das Konservatorium in der Klavierklasse bei Prof. Daugul, und kurz danach gab er ein Solokonzert im Konservatorium mit einem vollen Programm. Er spielte unter anderem Werke von Johann Sebastian Bach, eine Ballade und einige Etüden von Chopin und zum Schluß die berühmte *Ungarische Rhapsodie Nr. 12* von Franz Liszt. In Riga gab es eine große Anzahl ausgezeichneter Musiker, die in den schrecklichen Jahren der deutschen Okkupation in Riga zurückblieben, darunter leider auch mein erster Klavierlehrer, Moses Salmonsohn. Es war schon in den kalten Tagen des Spätherbstes 1941, als ich aus dem Ghetto kommandiert wurde zu einer Arbeit auf dem Warenbahnhof Skirotava, wo man schwere Arbeit verrichten mußte. Groß war meine Überraschung, als ich plötzlich unter den vielen jüdischen Arbeitern Moses Salmonsohn sah, der genau wie die anderen diese Schwerstarbeit leisten mußte. Ich hatte Gelegenheit, ihn zu grüßen, und es war für mich als sein ehemaliger Schüler unglaublich zu sehen, wie er mit seinen langen Pianistenfingern Eisenstangen tragen mußte. Diese schlanken Finger zauberten noch vor kurzem die schönsten Passagen und Melodien auf dem Flügel und erfreuten oft ein großes Publikum. Sollte das für immer vorbei sein? Als wir uns trafen, schaute mich Herr Salmonsohn kurz an und sagte: "Lieber Ally, wir hatten eine schöne Zeit, ich war dein Klavierlehrer, und du hast so einiges bei mir gelernt. Ich habe das Konservatorium absolviert, dazu habe ich stundenlang an meinem Programm gearbeitet, auf dem Flügel geübt und teilweise auch auf eurem Klavier, aber jetzt ist alles vorbei, und ich bin hier gezwungen, mit meinen Fingern eine andere Arbeit zu verrichten..."

Moses Salmonsohn hatte einen jüngeren Bruder, der an der Kunstakademie studierte. Der Bruder überlebte den Holocaust, kämpfte als Partisan gegen die deutsche Besatzung und kam nach dem Krieg nach Riga zurück. Wir trafen uns einige Male. Er arbeitete eine längere Zeit als Dekorateur und Kunstmaler am Russischen Theater in der Königstraße. Über sein weiteres Leben nach 1960 ist mir nichts bekannt. Moses und sein Bruder waren mit meinem Bruder Benno gut befreundet.

Nach einigen Jahren, ich weiß nicht mehr warum, habe ich meinen Klavierlehrer gewechselt, und nun unterrichtete mich die Pianistin Kingisepp, eine Schülerin und später Assistentin des bekannten Rigaer Pädagogen Prof. Pastuhow. Sie stammte aus Estland oder Finnland, sprach aber ausgezeichnet deutsch. Frau Kingisepp war regelmäßig mit ihrem eigenen Programm im Rigaer Radio zu hören. Die besten Erinnerungen habe ich an meinem Prof. Nikolaj Dauge: Er war ein ausgezeichneter Pianist und Pädagoge, Absolvent des Moskauer Konservatoriums und ein Verehrer seines Kollegen, des Pianisten und Komponisten Medtner (deutscher Abstammung). Schon in reifen Jahren heiratete er seine Schülerin, Fräulein Jakobsohn, die von einer wohlhabenden jüdischen Familie aus Mitau (Jelgava) kam. Entsprechend der Rassengesetze mußte sie sich sterilisieren lassen, um als Jüdin weiterhin mit einem "Arier" zusammenleben zu dürfen, und so überlebte sie die "deutsche Zeit" in Riga. Prof. Dauge war in der Sowjetzeit lange Zeit am Konservatorium in Riga tätig und hatte eine große Anzahl junger Pianisten ausgebildet, darunter meine Mitschülerinnen Pera Sigalova und Mira Hasan, die Tochter des Leiters einer Apotheke. Prof. Dauge gab seinerzeit Solokonzerte in Riga.

Wie schon erwähnt: Bei uns zu Hause wurde Deutsch gesprochen, meine Erzieherin Irma spielte auf dem Klavier deutsche Volkslieder, und meine jüngere Schwester Rachel (Raja) und ich sangen dazu: beispielsweise "Hänschen klein...", "Komm, lieber Mai und mache...!" sowie andere schöne Frühlingslieder und Volksweisen. Als Papa von seinem Geschäft zum Mittagessen kam, empfingen wir ihn oft mit einem Lied mit Klavierbegleitung, das meinem Vater besonders gefiel, und wir erhielten dafür etwas Geld, um Schokolade zu kaufen. Für kurze Zeit besuchten meine jüngere Schwester und ich den Privatkindergarten von Frau Engelhart auf dem Rainis-Boulevard.

In meiner Kindheit fand ich besonders die Tage und Wochen interessant, wenn Frau Grünwald, unsere Hausschneiderin, bei uns arbeitete. Ihr Arbeitsbesuch wiederholte sich alljährlich. Bei ihrer Arbeit, die sie sehr gewissenhaft erledigte, erzählte sie nebenbei verschiedene Geschichten und Begebenheiten und benutzte eine Menge deutscher Sprichwörter.

Sie sang auch gerne bei der Arbeit. Besonders gefielen mir ihre zahlreichen kurzen Sprüche, die sie in ihrem Gedächtnis aufbewahrte. So sagte sie z.B. "Ach, Gottchen, sprach Lottchen und kaufte sich Schuh!" Beim Essen nahm sie den Löffel und sprach: "Lirum, larum Löffelstiel, wer dies nicht kann, der kann nicht viel!" – "Petersilie, Suppenkraut wächst in unserem Garten, unsere Liesel ist schon Braut, braucht nicht mehr zu warten!" Solche und viele ähnliche Reime deklamierte sie während der Arbeit. Ich muß zugeben, daß Frau Grünwald auf mich ganz bestimmt einen Einfluß hatte. Diesen Volksreimen, auch kleinen Geschichten, hörte ich mit großer Aufmerksamkeit zu, und mir gefiel die Art und Weise, wie sie damit die Arbeitszeit verkürzte und sich selbst unterhielt. Ich saß gerne neben ihr.

Eines Tages zwischen 1937 und 1938 kam Frau Grünwald mit Tränen in den Augen zu uns. Sie klagte über die neue Verordnung des lettischen Regierungspräsidenten Karlis Ulmanis, der die deutsche Evangelische Kirchengemeinde aufforderte, die schöne alte Domkirche zu verlassen, da die Lettische Kirchengemeinde die Domkirche übernahm. Mir ist bekannt, daß die Domkirche Jahrhunderte lang eine deutsche Kirche war. Mit diesem Erlaß kam es unter der deutsch-lettischen Bevölkerung in Riga zu Spannungen.

Frau Grünwald wohnte im Deutschen Konvent an der Schmiedestraße in der Altstadt. Es war ein abgegrenztes Areal, Häuser mit kleinen Gärtchen, die von älteren Leuten, meist deutscher Nation, bewohnt wurden. Mir erschien dieser abgegrenzte Hof sehr idyllisch und ruhig, zwar mit nur wenig Sonnenlicht, da er sich zwischen den Häusern befand.

In den schweren und aussichtslosen Tagen im Ghetto zwischen Oktober und November 1941 dachte ich an Frau Grünwald und ihre kleine Wohnung. Ich wollte meine Schwester und Mutter retten, da ich ein schlechtes Ende hinter dem Stacheldraht im Ghetto vermutete. Ich kam auf die Idee, wenigstens eine Schwester mit Hilfe unserer Hausschneiderin im Konvent zu verstecken. Ich hatte volles Vertrauen zu ihr. Sie war eine ältere Frau und verheiratet. Aber leider konnte ich diese Idee nicht realisieren; es blieb eine fixe Idee, und noch heute wühlt mich dieser Gedanke auf, und ich mache mir Vorwürfe, wieso ich nicht alles unternommen habe, um wenigstens einen Teil meiner Familie zu retten.

Als wir in der Großen Schmiedestraße 66, Wohnung Nr. 14, in der Rigaer Altstadt wohnten, hatten wir einen Balkon in Richtung eines kleinen Gärtchens und eines Spielplatzes, wo wir Kinder zum Spielen zusammen kamen. Ganz in der Nähe, in der Petavasstraße, befand sich die Synagoge (die später als einzige Synagoge der Stadt Riga die Kriegszeiten überstanden hat). In dem kleinen Gärtchen, von vielen "Gärtele" genannt, kamen Kinder verschiedenen Alters, unterschiedlicher sozialen Schichten und Nationalitäten zusammen. Man hörte viele Sprachen, aber es gab deswegen keine Konflikte; So gab es Kinder deutscher Eltern, aber man hörte auch Russisch, Lettisch und sogar Estisch. Ich möchte betonen, daß die Kinder außer jiddisch auch deutsch sprachen, wenn auch nicht immer korrekt. Die meisten Kinder stammten aus ärmlichen Handwerkerfamilien. Viele meiner Nachbarn waren Juden, die überwiegend Jiddisch sprachen.

In der Nähe unserer Straße wohnten zeitweilig auch Tante Emma und Onkel Nikolaj, die noch nicht lange verheiratet waren. In der anderen Richtung der Großen Schmiedestraße wohnten unsere Verwandten, die Familie Rosenstein mit ihrem Sohn Abi (wahrscheinlich Abel). Er war einige Jahre jünger als ich, und wir trafen uns gern. Abi wurde als einziges Kind verwöhnt und hatte viele schöne Spielsachen weshalb ich sehr gerne zu ihm spielen ging. Auch seine Geburtstage wurden groß gefeiert. Sein Vater Adolf Rosenstein war ein talentierter Dekorateur, der z.B. die großen Schaufenster der Firma "Rigas Audums" in der Barona iela (Baronastraße) dekorierte. Ich erinnere mich auch, daß wir zusammen Zirkusvorstellungen besuchten (Zirkus Solomonski in der Merkelstraße).

Abis Freund Harry Fistul war sehr geschickt und konnte humorvolle Geschichten erzählen. Mit Abi und Harry unterhielt ich auch später als Mitschüler des Jüdischen Gymnasiums (Rīgas žīdu sabiedriskā gimnasija) freundschaftliche Beziehungen. Abi Rosenstein und seine Eltern haben den Holocaust nicht überlebt. Sein Vater und Abi waren während des Krieges in der Fabrik "Lenta"[17] kaserniert. Harry Fistul dagegen wurde am 14. Mai 1941 zwangsweise in die Sowjetunion deportiert und kam erst nach dem Krieg nach Riga zurück. Er heiratete seine Mitschülerin Nadja Lapidus, eine Geigerin.

Die Umgebung in der Altstadt war international: Es gab Letten, Russen, Deutsche und Juden, aber auch Polen und Esten. Meine Eltern pflegten enge Beziehungen zur deutschen oder baltendeutschen Bevölkerung. Daher hatte ich eine deutsche Erzieherin Irma, die mir nicht nur korrektes Deutsch beibrachte, sondern mich auch musikalisch erzog.

---

[17] Siehe Eberhard. Jäckel et al. (Hg.), Enzyklopädie des Holocaust. Band. II, München 1995, S. 728.

Die Wohnung in der Schmiedestraße 66 bewohnten wir bis zum 5. September 1934, danach zogen wir in eine andere Wohnung, ebenfalls in der Altstadt. Die neue Wohnung war an der Jaun iela (Neustraße) 25/29, Wohnung Nr. 12. Diese befand sich unmittelbar in der Nähe der Domkirche.

Unsere Nachbarn im Haus an der Großen Schmiedestraße 66, Wohnung Nr. 14, waren ausnahmslos wohlhabende Juden. In diesem Haus wohnten die Familien Natarewitsch, Treister, Bag, Rosenthal und Pittel, die neben uns wohnten und die ich besonders erwähnen möchte. Ich erinnere mich gut an die beiden Söhne namens Israel (Isja) und Fajwusch (Folja), die das Iwritgymnasium an der Lazarettstraße besuchten. Wichtig waren für mich auch die älteren Schwestern der Familie, Sonja und Lea. Sonja absolvierte das Englische Lyzeum und wurde Englischlehrerin. Lea studierte klassische Philologie. Sie wurde an der Lettischen Universität in Riga Dozentin für Latein, heiratete den Arzt Selik Tscherfas, später einer der bedeutendsten Ärzte für Innere Medizin in Riga. Lea war eine bekannte Wissenschaftlerin an der Universität und verfaßte einige Fachbücher für Latein. Ihre Schwester Sonja (Sofia) heiratete den Juristen Itkin, der in meiner Schule Hebräisch lehrte. Sonja unterrichtete fünf Jahre lang Englisch und war zugleich unsere Klassenlehrerin. Ich muß hinzufügen, daß "Mrs. Itkin" eine ausgezeichnete Pädagogin war, und wenn ich heute im Stande bin, einen englischen Brief zu schreiben, so verdanke ich dies meiner verehrten Lehrerin. Mrs. Itkin, ihre Schwester Lea Tscherfas und ihr Mann übersiedelten in den 1970er Jahren nach Israel. Herr Itkin fiel 1941 an der Front im Kampf gegen die Hitlerfaschisten.

Bis 1939 hatten wir auch viele deutsche Nachbarn; die Nachbarn der Wohnung Nr. 11 hießen Siewert, Herr Siewert war ein Advokat. 1939 verließen sie Riga zusammen mit Tausenden von baltendeutschen Familien, die damals, von Adolf Hitler "Heim ins Reich" gerufen, nach Deutschland übersiedelten, meist in den Wartegau.

Unsere Wohnung in der Neustraße 25/29, Wohnung Nr. 12, war eine recht geräumige 6-Zimmer-Wohnung. Das Zimmer rechts vom Eingang gehörte Papa, und darin standen ein großer Schreibtisch, ein Sessel, zwei große Klubsessel um einen Rauchtisch, darauf ein Telefon und rechts vom Schreibtisch das Radio – ein neuer VEF-Apparat, ein Weltempfänger. Für mich war das Radio von besonderer Bedeutung, denn ich hörte sehr gerne klassische Musik, meist Klaviermusik von Chopin, Schubert, Bach und Beethoven. Ich erinnere mich an einen Abend, als Papa an seinem Schreibtisch saß und ich im Schaukelstuhl. Zufällig hörte ich die Ansage: "Ludwig van Beethoven, Sonate Pathétique..."

Ich hörte sie zum ersten Mal und war voller Begeisterung. Von nun an gehörte Beethoven neben Chopin zu meinen Lieblingskomponisten.

Daß man über Musik so entzückt sein kann, war für mich eine neue Erfahrung. Ich begann, Solokonzerte zu besuchen, die meistens in der Oper oder im Schwarzhäuptersaal stattfanden, so stets die Konzerte des Pianisten Nikolaj Orlow, eines ausgezeichneten Chopin-Interpreten. Es traten auch andere Pianisten in der Oper auf, z.B. der französische Pianist Robert Casadesus und der blinde Pianist Imre Ungar, der von seiner Frau an den Flügel geführt wurde. Diese Konzertbesuche waren für mich besondere Ereignisse. Ich wurde älter, und das Interesse für Musik, teilweise auch für Oper und Gesang, wurde immer tiefer. Ich teilte meine Eindrücke über dieses oder jenes Konzert mit meinen Mitschülern, z.B. mit Kolja Berman oder Oskar (Oka) Tankelowitsch, die sich ebenfalls für Musik interessierten.

Anfang der 1930er Jahre begann die Ära der Rundfunktechnik, eine neue Entwicklung in Europa. Ich erinnere mich an die ersten Radiogeräte, die mein Onkel Samuel zu Hause in der Revaler-Strasse (Tallinn-Straße später) hatte. Dieser hatte drei Kinder: Betty, Mary und Abraham. Die Geburtstage der Kinder wurden groß gefeiert, und die ganze Verwandtschaft seitens meiner Mutter kam zusammen. Da gab es für uns Kinder einen "Leckerbissen": Man konnte durch einen Kopfhörer Radio hören! Einmal Musik, ein andermal ein Gespräch. In den folgenden Jahren hatte Onkel Samuel immer bessere Geräte, bis man 1937/39 mit einem Lautsprecher-Radio verschiedene Sender aus Europa hören konnte, meist aus Deutschland. In dieser Zeit kamen die neuen Empfänger der VEF-Fabrik und der Firma Leibowitsch auf den Markt. Auch mein Bruder Benno war vom VEF-Radiogerät begeistert und kaufte einen Apparat für unsere Familie. Meine Mutter nutzte das Radio als "Weckuhr", denn immer morgens um 7.30 Uhr kam die Meldung auf lettisch "Runa Riga-Madona-Kuldiga", was für uns "Aufstehen und zur Schule gehen!" bedeutete. Mutter stellte das Radio ziemlich laut, und in der ganzen Wohnung dröhnte meist eine lustige Musik zur Morgengymnastik, die uns Kinder aus dem Schlaf rüttelte.

In den Jahren 1932/34 hatte ich einen Freund namens Leo Rabkin, Jahrgang 1920. Er wohnte in meiner Nachbarschaft in der Marstalju-Straße (Marstall-Straße) in der Altstadt, zwei Minuten zu Fuß von unserer Wohnung. Leo Rabkin besuchte die deutsche Privat-Grundschule Erich German in Riga. Als 1934 das neue Bildungsgesetz verabschiedet wurde, war er gezwungen, genau wie alle anderen jüdischen Schüler die deutsche Schule zu verlassen und eine jüdische oder lettische Schule zu besuchen. So kam Leo Rabkin als Schüler in die Privat-Grundschule Rauchwarger, die auch ich schon seit 1929 besuchte. Wir befreundeten uns auf dem Spielplatz des schon erwähnten "Gärtele. Leo Rabkin sprach ein korrektes Deutsch, und seine Sprache war mir verständlich und nahe. Jiddisch dagegen konnte ich kaum verstehen und sprechen. Leo hatte ein schweres Schicksal, da seine Mutter gestorben und er mit seiner älteren Schwester und dem Vater allein geblieben war.

Die Mehrheit der jüdischen Bevölkerung war traditionell religiös, und die schöne Synagoge in der Petavas iela stand genau neben seinem Haus. Leo mußte nach jüdischer Tradition dreimal täglich das Kaddisch-Gebet sagen, das jüdische Totengebet, das während eines ganzen Jahres dreimal täglich gesagt werden muß, worauf sein Vater Genrich (Heinrich) Rabkin bestand. Seine ältere Schwester übernahm teilweise die Pflichten der verstorbenen Mutter. Außerdem kümmerte sich die Sekretärin des Vaters um ihn. Genrich Rabkin führte eine Filiale der Schweizer Uhren-Firma "Borrel et Fils" aus Neuchâtel. Sein Büro und die Wohnung waren zusammen in der Marstalju iela. Leo und ich trafen uns täglich am Treffpunkt "Gärtele". Wir hatten uns immer viel zu erzählen, auch in der Zeit als Leo noch Grundschüler der Erich German Privatschule war.

Leos Hobby war die Rundfunktechnik, was ihn mit dem Radiogeschäft Leibowitsch in der Baronastraße bekannt machte, wo er alle Informationen und Instruktionen erhielt und Radioteile kaufen konnte. Zuerst bastelte er kleine Radioapparate, einige Jahre später bereits komplizierte Geräte. Ich war nicht sehr vertraut mit dieser Kunst der Rundfunktechnik, deshalb führte mich Leo in deren Geheimnisse ein, und so hatten wir eine interessante und nützliche Beschäftigung. Die Rundfunktechnik entwickelte sich damals rapide, und Leibowitsch gehörte zu den führenden Firmen in Riga. Leo besaß ein kleines Zimmer, ein "Laboratorium" speziell für seine Radio-Experimente. Ich war stundenlang bei ihm in seiner Werkstatt, und wir freuten uns über jeden Fortschritt beim Radio-Bau. So hörten wir über seine selbstgebauten Empfänger ganz Europa und besonders deutsche Stationen.

Diese enge Freundschaft hielt, solange Leo in meiner Nachbarschaft wohnte. Doch eines Tages hieß es "Wir ziehen um!", und tatsächlich bezogen Leo und sein Vater eine neue Wohnung in der Zirgu iela (Pferdestraße). Diese befand sich zwar auch in der Altstadt, aber nicht mehr in nächster Nachbarschaft. Zu dieser Zeit waren wir schon am bekannten Rigaer Zidu Sabiedriska Gimanasium in der Dzirnavu iela (Mühlenstraße 29). Leo war immer eine Klasse über mir und absolvierte das Gymnasium ein Jahr früher, nämlich 1939.

Am 14. Mai 1941 wurde Leo und sein Vater Heinrich von den Sowjets nach Sibirien deportiert, zusammen mit Tausenden lettischer Bürger.[18] Zu den Betroffenen dieser Deportation gehörten auch meine liebe Cousine Bella Gottlieb und ihre Eltern. Bella Gottlieb und Leo Rabkin überlebten die schwere Zeit, ihre Eltern dagegen kehrten nicht zurück.

Leo traf ich, bereits verheiratet mit seiner lettischen Freundin Nelly, etwa im Jahre 1960/62 in Riga, wo er sich niedergelassen hatte. Als ich 2005 den jüdischen Friedhof Smerli besuchte, um das Grab mit dem Denkmal von Kalman Linkimer zu besuchen, ging ich aufmerksam durch die vielen Reihen von Grabsteinen, als ich plötzlich das Grab von Leos Mutter bemerkte, aber nicht nur das, ich las auch die Inschrift: "Hier ruht Leo Rabkin und seine liebe Frau Nelly". So erfuhr ich von seinem Tod. Über das Schicksal ihres Sohnes Heinrich weiß ich bis heute nichts.

Schulen, Lehrkräfte und Mitschüler in Riga seit 1928

Im Alter von etwa sechs Jahren (ca. 1927) ging ich mit meiner jüngeren Schwester Rachel in einen privaten deutschen "Engelhart"-Kindergarten, der sich am Rainis-Boulevard befand. Kurz danach besuchte meine Schwester Raja die 14. Deutsche Städtische Mädchengrundschule am Kronwald-Boulevard, die schon einige Jahre früher meine ältere Schwester Betty absolviert hatte. Besonders erinnere ich mich an die schöne Kastanienallee, die sich vom Lettischen Nationaltheater längs des Stadtkanals bis zu dieser Schule zog. Rachel hatte einige jüdischen Mitschülerinnen, z.B. Pera Sigalova, Raisa Peres, Nina Lurje, an die ich mich erinnere und die auch meine Mitschülerinnen im Sabiedriska Gymnasium wurden. Leider kam Raisa Peres im Ghetto ums Leben.

Ich war in der Familie der Jüngste. Mein Bruder und meine Schwestern waren noch Schüler und Schülerinnen deutscher Schulen. Meine Schwester Rachel und Betty (geb. 1916) besuchten die 14. Deutsche Städtische Grundschule auf dem Kronwald-Boulevard. Mein Bruder besuchte die deutsche Erich German Privatschule, die sich in der Blaumannstraße in Riga befand.

Diese Privatschule besuchte auch mein Cousin Miron Scheinker (geb. 1913). Er war poetisch begabt und dichtete zu jeder Gelegenheit wunderschöne Gedichte. So gab es Gedichte über seine Geschwister Sonja (Sophie), über seinen Bruder Harry, und besonders erinnere ich mich an das Gedicht über meinen

[18] Siehe Seite 11, Fußnote 3.

Bruder Benno zu seinem Geburtstag. Die Gedichte waren alle heiter, und ich glaube, daß sie unter dem Einfluß des deutschen Dichters Wilhelm Busch entstanden sind. Miron absolvierte die Erich German Schule, wurde aber nicht Journalist oder Dichter, sondern Student der Lettischen Universität, wo er an der Fakultät für Maschinenbau studierte und wohl im Jahre 1937 das Studium absolvierte. Als diplomierter Ingenieur heiratete er Sophie Messter, eine Schwester des bekannten Chemikers Prof. Hiller. Sophie kam von einem deutschen Gymnasium in das Rigaer Sabiedriska Gymnasium in der Mühlenstraße 29. Sie mußte das Gymnasium wechseln, da sie laut Gesetz der Jahre 1934/35 als Jüdin nicht mehr ein deutsches Gymnasium besuchen durfte. Am 9. Dezember 1941 wurde mein Cousin Miron Scheinker und seine junge Ehefrau Sophie Messter mit ihrem kleinen Kinde auf dem Arm im Walde Rumbula von lettischen Hilfspolizisten bei der Großen Aktion erschossen, zusammen mit etwa 18.000 völlig unschuldigen Menschen. Obgleich Miron als junger, arbeitsfähiger Mann von dieser Aktion hätte verschont bleiben können, entschied er sich freiwillig, den letzten Weg zusammen mit seiner geliebten Frau bis zum letzten Atemzug zu gehen. Laut Befehl aus Berlin sollte die jüdische Bevölkerung mit kleinen Ausnahmen ausgerottet werden. So kam es zur zweiten Großen Vernichtungsaktion am 9. Dezember 1941 im Wald von Rumbula. Mit Hilfe freiwilliger lettischer Hilfspolizisten wurde dieser Massenmord an jüdischen Frauen, Kindern und älteren Menschen grausam durchgeführt.

Als ich nun sieben Jahre wurde (1928), diskutierten meinen Eltern darüber, welche Schule ich besuchen sollte. Mein älterer Bruder Benno und mein Cousin Miron Scheinker gingen in die Erich German Privatschule in der Blaumannstraße, die zu gut 80% von jüdischen Schülern besucht wurde. Mirons Bruder Harry besuchte eine städtische deutsche Grundschule, meine Cousine Sophie Scheinker besuchte die bekannte deutsche Lutherschule in Riga. Also sollte auch ich die Tradition einer deutschen Schule weiterführen.

Aber die Zeiten änderten sich, und Ende der 1920er Jahre gab es die Neigung zu nationaler jüdischer Erziehung. In Riga gab es eine große Anzahl jüdischer Schulen verschiedener Richtungen, teils religiös, teils mit Unterrichtsprache Jiddisch, Russisch, Hebräisch und Deutsch. Es ist unbestreitbar, daß die zionistische Idee die jüdische Bevölkerung in Riga beeinflußte und die Erziehung der jüdischen Kinder zu jüdischer Tradition, Sprache, Religion förderte. So kam es, daß ich eine jüdische Privatschule, die Rauchwarger-Schule, mit deutscher Unterrichtsprache besuchen sollte. Diese Schule befand sich in der Marienstraße 57, Ecke Ritterstraße, und hieß nach dem Namen des Direktors Rauchwarger-Schule. Ich zweifle heute, ob diese Wahl meiner Eltern die richtige war, denn ich fühlte mich in dieser Schule teils abgesondert, teils fremd unter meinen Mitschülern. Das ist damit zu erklären, daß die Schüler aus ganz verschiedenen gesellschaftlichen Schichten mit unterschiedlicher Kultur, Sprache und Erziehung stammten. Einige der Schüler kamen mit Russisch als Muttersprache, andere mit Jiddisch und wieder andere mit mehr oder weniger deutscher Kultur. Diese Tatsache brachte gewisse Spaltungen zwischen den Schülern. Auch der jeweilige Stadtteil, in dem sie wohnten, hatte einen gewissen Einfluß auf ihre Erziehung, ihr Benehmen und ihre Sprache.

Ich besuchte also die erste Klasse der privaten Rauchwarger-Schule, die zwar eine jüdische Schule war, aber durchaus deutsch geprägt. Auch unter den Mitschülern wurde deutsch gesprochen, in seltenen Ausnahmen russisch. Auch die meisten Lehrer beherrschten die deutsche Sprache ausgezeichnet. So erinnere ich mich an meine Klassenlehrerin, Frau Pinkowitsch, die aus Libau (Liepaja) stammte. Sie unterrichtete uns Deutsch und war eine aufgeschlossene, heitere Person, die den Unterricht oft recht bunt gestaltete. Später erfuhr ich, daß sie eine Tante meiner Mitschüler Bubi und Eli Tseitlin war. Bubi Tseitlin überlebte die Kriegsjahre in der Sowjetunion; er war ein überzeugter Zionist, landete im Gulag, überlebte die schweren Jahre der Gefangenschaft und kam später rehabilitiert als Invalide frei. In Riga heiratete er Bella Fuhr, Anfang der 1970er Jahre wanderten sie nach Israel aus.

Ich erinnere mich an einige Klassenkammeraden aus der Grundschule: Model, Rafael Mirman, Itzkin, Friedman, Kamerasse (Sohn einer Zahnärztin), Edith Fuhr, Fischman, Lentin, Sjoma Piter, Balson, Kaplan, Jackobson, Fischberg, Zwia Swiedler, La Slotower, Eva Water, die als Ärztin und Sanitäterin im Zweiten Weltkrieg in der Roten Armee diente und überlebte. Besonders befreundet war ich mit den Mitschülern, die nahe bei mir in der Altstadt wohnten. Oft gingen wir miteinander den langen Weg von zu Hause zur Schule an der Marienstraße, es waren rund zwei Kilometer.

Besonders stolz war ich auf die Mitschülerin Sara Raschina, die eine Klasse über mir war. Mit ihr zusammen ging ich ebenfalls oft den langen Schulweg von der Altstadt bis zur Schule an der Marienstraße 57. Sie stammte aus der Hafentadt Libau (Liepaja) und war außergewöhnlich musikalisch begabt. Sie war am Konservatorium Schülerin des berühmten Violinpädagogen Prof. Adolf Metz. Sara machte eine große Kariere, denn schon in jungen Jahren spielte sie hervorragend Geige und wurde von Groß und Klein bewundert. Auch ich bewunderte sie, teilweise auch wegen ihres interessanten Aussehens. Sie war schön gewachsen, hatte dunkles Haar, dunkle Augen und dunkle Haut. Besonders hübsch sah sie mit Geige und in hellem Kleid auf der Bühne aus. Ich erinnere mich, als sie an einem feierlichen Schulabend einige schöne Stücke spielte und das Publikum begeistert klatschte. Herr Schuldirektor Rauchwarger ging auf die Bühne, hob sie hoch und sagte: "Dieses kleine Mädchen ist Schülerin der vierten Klasse, aber sie ist auch Studentin des Konservatoriums und wird einmal eine berühmte Geigerin werden!" Das traf in späteren Jahren zu, als sie sogar Stipendiatin an der Musikakademie in London oder in Brüssel wurde. Als beste Geigerin ihrer Klasse erhielt Sara Raschina angeblich dort eine Stradivari-Geige. Ungeachtet dieser Berühmtheit und ihres Talents wurde sie im Dezember 1941 Rumbula bei Riga bestialisch ermordet. Sie war 21 Jahre jung.

Ich erinnere mich genau an den Tag, als ich am Morgen meinen Mitschüler Rafa (Rafael) Mirman auf den Weg zur Schule traf. Es war der 1. Februar 1933. Er war eine Klasse über mir, aber trotzdem waren wir gut befreundet. An diesem 1. Februar erzählte mir Rafa: "Es gibt eine schlechte Neuigkeit: In Deutschland wurde Adolf Hitler zum Reichskanzler gewählt!" Ich fragte: "Und was ist da dran so schlimm?" Da schaute er mich an und sagte: "Adolf Hitler ist der größte Antisemit und haßt die Juden!" Rafa Mirman war offensichtlich politisch besser gebildet als ich und verstand die Tatsache, daß Deutschland im Zentrum Europas nicht allzu weit von der Freien Lettischen Republik entfernt war. Am 1. September 1939 begann der Zweite Weltkrieg, und zwei Jahre später am 1. Juli 1941, waren die deutschen Truppen in Riga. Rafael Mirman sah dies als 13-jähriger 1933 voraus. Ich dagegen, nur ein Jahr jünger als er, verstand diese Zusammenhänge nicht. Leider hatte Rafael Mirman recht.

Von meinen Lehrerinnen möchte ich nennen meine Lettisch-Lehrerin Birzniece, von der ich in die lettische Sprache eingeführt wurde. In der 4. Klasse hatten wir ein Jahr lang russischen Sprachunterricht durch Frau Puritz. Es ist mir heute unverständlich, warum sie den Unterricht mit kleinen Erzählungen begann, obwohl einige meiner Mitschüler und ich überhaupt kein Russisch verstanden. Das brachte mich in große Schwierigkeiten, denn ich konnte weder lesen noch verstehen und fühlte mich vom Unterricht ausgeschlossen. So war ich einer der schlechtesten Schüler und erhielt die ungenügende Note 2. Meine Mutter war empört und fragte mich, warum ich keine Hausaufgaben machen würde. Zum Beispiel wurde in der Klasse Lew Nikolajewitsch Tolstoj kurze Erzählung "Akula" ("Haifisch") gelesen, und die Hausaufgabe bestand darin, diese Geschichte nachzuerzählen. Ich kann mich bis heute daran erinnern, wie ich zu Hause russische Wörter und teilweise den Text einpauken mußte, den ich nacherzählen sollte. Diese Situation war meiner Ansicht nach pädagogisch absolut nicht in Ordnung und wohl nur möglich, weil der größte Teil der Schüler russische Vorkenntnisse hatte.

Der Schuldirektor, Herr Rauchwager, sprach ausschließlich Russisch und legte im Unterricht einseitig Wert auf die russische Sprache und Kultur. Und gerade diese waren mir persönlich fremd.

Es gab es in der Schule parallel auch Deutsch als Unterrichtsprache, und diese genoß ich ab der 3. Klasse mit Frau Pinkowitsch als Klassenlehrerin, die aus Libau (Liepaja) kam. Sie beherrschte die deutsche Sprache hervorragend, und ich fühlte mich unter ihrer Leitung sehr gut. Frau Pinkowitsch war eine Tante meiner Mitschüler Eli und Bubi Zeitlin, davon erfuhr ich aber erst später. Seinerzeit hatten wir alle Unterrichtsfächer in deutscher Sprache.

Ich erinnere mich an andere Lehrer in der 4. und 5. Klasse, beispielsweise an den Geschichtslehrer Rabinowitsch, an den Naturkundelehrer, dessen Name ich vergessen habe; die Verantwortliche für das Lehrprogramm, Frau Rabinowitsch, die Deutsch, Lettisch und Russisch beherrschte.

Diese dominante Atmosphäre in der Schule durch die russische Sprache und den russischsprachigen Direktor Rauchwarger wie auch andere Faktoren wirkten negativ auf mich und führten letzten Endes dazu, daß ich die Rauchwarger-Schule verließ und im Schuljahre 1934/1935 die sechste Klasse der privaten Grundschule Gorfinkel am Siegfried-Meirowitz-Boulevard besuchte.

Die Gorfinkel-Schule war gegründet worden, als durch den Umsturz der lettischen Regierung am 15. Mai 1934 ein Machtwechsel stattfand. An die Macht kam die nationale lettische Aizsargi-Organisation mit ihrem Führer Dr. Karlis Ulmanis. Dieser war Agronom und in Amerika ausgebildet, wo er den Doktortitel erworben hatte; er regierte mit diktatorischen Mitteln, ließ keine anderen Parteien mehr zu und befahl eine neue Bildungspolitik. Ab sofort durften jüdische Kinder nur noch jüdische oder lettische Schulen besuchen, aber keine russischen oder deutschen Schulen. So mußten alle jüdischen Kinder, die bisher eine deutsche, russische oder polnische Schule besuchten, ihre Schulen verlassen und in eine jüdische bzw. lettische Schule wechseln. Für diese Kinder fehlten plötzlich Schulen, und so wurde die Gorfinkel-Schule gegründet, die bereit war, die ausgeschlossenen Schüler aufzunehmen.

Im Jahre 1934 hatte ich meine Bar Mitzwa gefeiert, denn ich war 13 Jahre alt geworden.[19] Meine Schwester Raja (Rachel) und ich besuchten nun also die Gorfinkel-Schule, die sich unmittelbar beim Lettischen Nationaltheater am Siegfried-Meirowitz-Boulevard befand. Ich war Schüler der sechsten Klasse, und das bedeutete den Grundschulabschluß.

Damals wechselte also eine Anzahl damaliger Erich-German-Schüler in die Gorfinkel-Schule, z.B. Oka Tankelowitsch, Mischa Judelsohn, Mihael Gorfinkel, Michael (Milia) Albert und andere. Dort herrschte eine liberale Atmosphäre, es wurde deutsch gesprochen, und die Unterrichtsprache war Deutsch.

Ich erinnere mich an den Deutschlehrer Blumberg, der einen Bart trug. Wir Schüler hatten großen Respekt vor ihm, und besonders Mischa Judelsohn bemühte sich, ihn ganz besonders zu ehren, indem er ihn mit "Herr Oberlehrer" ansprach. Die Gorfinkel-Schule war jüdisch, und es gab keine Teilung in einfache Lehrer und Oberlehrer. Mischa Judelsohn hatte den Titel "Oberlehrer" aus der Erich German Privatschule mitgenommen und versuchte, diesen Titel auch in Gorfinkel-Schule einzuführen. Mischa hatte immer lebhafte Fragen an den Herrn "Oberlehrer", die meistens lustig und auch ein wenig ironisch wirkten. Ich fand persönlich, daß Mischa Judelsohn ein sehr origineller und geistreicher Mitschüler war, der oft das bemerkte, was andere nicht erkannten, und in Worten ausdrückte, die humoristisch oder ironisch wirkten. Lehrer Blumberg war von der Schweiz begeistert, erzählte uns viel über die schöne Natur der zentralen Schweiz, über den Vierwaldstättersee und die Kantone Uri, Schwyz und Unterwalden. Wir lasen Friedrich Schillers *Wilhelm Tell*, und es ist schicksalhaft, daß mir persönlich beschert wurde, später die schöne Landschaft des Vierwaldstättersees zu sehen. Seit 1980 wohne ich an der Grenze zur Schweiz in Weil am Rhein, besuchte bei der ersten Gelegenheit den Vierwaldstättersee und erinnerte mich dabei an die lebendigen Beschreibungen meines Lehrers Blumberg 1934/35.

Die Gorfinkel-Privatschule wurde im Schuljahr 1935 liquidiert und die Schüler anschließend ins neugegründete Rigaer Sabiedriska-Gimnasium unter Direktor Janno Bergman geschickt. Das Schulgebäude befand sich in der Mühlenstraße 29. Ich war 14 Jahre alt und wurde im Herbst 1935 Gymnasiast.

In den Jahren 1935 bis 1940 besuchte ich das deutsch-jüdische Sabiedriska Gymnasium in der Rigaer Mühlenstraße 29. Unser Direktor war Janno Berg-

---

[19] "Bar Mitzwa" – "Sohn des Gebots", synagogale und häusliche Feier, bei der ein jüdischer Junge mit 13 Jahren religiös volljährig wird; im liberalen Judentum wird ein Mädchen mit 12 Jahren "Bat Mitzwa" – "Tochter der Gebots".

man, der uns im Fach politische Geographie unterrichtete. Als Direktor hatte er die recht schwierige Aufgabe, für Schüler aus verschiedenen Schulen und sozialen Schichten und mit verschiedenen Sprachen ein geselliges, demokratisches Klima zu schaffen, was ihm letzten Endes wenigstens teilweise gelungen war. In der Schule gab es in den fünf Jahren meiner Schulzeit keinen einzigen Vorfall zwischen den verschiedenen Gruppen der Schülergemeinschaft. Direktor Bergman organisierte Nachmittagsbeschäftigungen und Kränzchen, Nachmittagskonzerte, Tanzkurse und literarische Lesungen, um dadurch gemeinsame Interessensgruppen zu schaffen.

Auch meine Schwestern Betty und Rachel waren gezwungen, die 14. Deutsche Städtische Grundschule zu verlassen und in eine jüdische Schule zu wechseln. Meine ältere Schwester Betty besuchte nun die jüdische Lieberman Privatschule in der Merkelstraße, meine jüngere Schwester Rachel kam in mein Sabiedriska Gymnasium. Ich erinnere mich genau an einige Namen von Mitschülerinnen meiner Schwester Rachel, die die 14. Deutsche Städtische Grundschule verlassen mußten und ebenfalls ins Sabiedriska Gimnasija eintraten: Pera Sigalova, Raisa Peres, Vera und Nina Lurje und andere. Mein älterer Bruder Benno konnte noch vor 1935 die Deutsche Börsen-Kommerz-Schule am Kolpak-Boulevard absolvieren.

Im Sabiedriska Gymnasium gab es natürlich ein recht buntes "Publikum" aus verschiedenen Sprachkulturen. Einige Schülerinnen (wie Beba Schlachter, Roscha Joffe, Horon, Dina Gurewitsch) kamen aus der privaten russischen "Beater-Schule mit Direktorin Olga Eduardowna Beater. Der größte Teil der Schüler des Sabiedriska Gymnasiums war deutsch geprägt und kam aus verschiedenen deutschen Schulen. In meine Klasse z.B. kamen aus der deutschen Erich German Privatschule folgende Mitschüler: Mila Albert, Oskar (Oka) Tankelowitsch, Mischa Judelson, Michail Gorfinkel und andere. Aus einer anderen deutschen städtischen Grundschule kamen die Brüder Ljonja und David Garber. In meiner Klasse bildete sich eine kleine Aktivgruppe deutschsprachiger Mitschüler, die besonders eng zusammenhielt, das waren Mischa Judelson, Oskar Tankelowitsch, David Garber, Asriel Kupsik und ich. Wir trafen uns regelmäßig, meist bei David Garber, der im Stadtzentrum in der Brivibas iela wohnte. Wir machten oft zusammen die Hausaufgaben, und es gab besonders nützliche Stunden mit dem ausgezeichneten Mathematiker Asriel Kupsik, der uns gute Nachhilfe für die bevorstehenden Examen gab.

David Garbers Familie konnte in der ersten Kriegswoche im Juni 1941 Lettland verlassen und in die Sowjetunion emigrieren. Sein älterer Bruder Ljonja kam wegen unvorsichtigen Äußerungen über das frühere Leben in Riga in ein sowjetisches Gefängnis und überlebte die Strafe nicht. David war vorsichtiger und konnte sein angefangenes juristisches Studium in der Sowjetunion teilweise fortsetzen. Er kam 1946 wieder nach Riga zurück und beendete sein Studium an der Lettischen Universität. Mit großer Freude trafen wir uns im Jahre 1946 in Riga, doch mußten wir feststellen, daß kaum jemand aus unserer Schulklasse den Holocaust überlebt hatte.

Unser Schuldirektor Janno Bergman unterrichtete uns politische Geographie. 1935/36 wurden einige Fächer in deutscher Sprache unterrichtet, so auch das Fach politische Geographie. Dann kam ein Erlaß des Bildungsministeriums unter Minister Dr. Auschkap (Auskaps), daß ab sofort alle Fächer im Gymnasium in lettischer Sprache unterrichtet werden müssen. Unter diesem Gesetz litt ganz bestimmt die Unterrichtsqualität, da die meisten Lehrer Lettisch nur ungenügend beherrschten. So erinnere ich mich an die Aussprache der Chemie-Lehrerin Folkova. Auch Schuldirektor Bergman, hatte Schwierigkeiten mit der Aussprache. Im allgemeinen sind Schüler besonders aufmerksam auf Lehrer, die Schwächen zeigen: Eine komische Aussprache genügte, und schon kamen kleine Anekdoten in Umlauf. Diese waren allerdings nicht gegen die Person des Direktors gerichtet, ganz im Gegenteil war Direktor Bergman allgemein als liberaler und humaner Mensch bekannt, der alle möglichen Kulturmaßnahmen förderte.

Beispielsweise hatten wir wenigstens einmal im Monat musikalische Vorträge bekannter jüdischer Künstler und Musiker, die gut besucht waren, u.a. traten folgende bekannte jüdische Musiker auf: der Bariton Joffe von der Nationaloper, bekannt für seine ausgezeichnete Darbietung als *Toreador* in der Oper *Carmen* von George Bizet. Der Geiger und Orchestersolist der Nationaloper, Jungmann, trat mit großem Erfolg auf. Ein außergewöhnlich schönes Konzert zauberte der Pianist Solotonos mit der *Nocturne in Cis-Moll* von Frédéric Chopin und anderen Werken. In unserer Klasse gab es recht viele Schülerinnen und Schüler, die parallel zur Schule die jüngere Gruppe des Konservatoriums besuchten, und ich möchte folgende Schüler nennen, die zu festlichem Anlaß Klavierstücke vortrugen: Ima (Jefim) Babtschin, der ohne Zweifel der Begabteste in unserer Klasse war. Basja Skutel, der ein ausgesprochenes Talent der Klaviertechnik war und virtuos schwierige Stücke von Frédéric Chopin spielte, z.B. das *Scherzo*. Rosha Joffe; Gochina, die sehr schön den *Walzer in Fis-Moll* von Chopin vortrug; Kolja Berman, der in allen Richtungen begabt war und auch Geige spielte. Von genannten überlebte den Holocaust nur Jefim Babtschin, der nach dem Krieg als Konzertmeister am Rigaer Konservatorium tätig war.

Durch die Initiative von Direktors Bergman hatten wir Nachmittagsunterricht im Fach deutsche Stenographie, unterrichtet durch Herrn Glaser, der eine Wirtschaftsschule in Basel absolviert hatte. Sein Deutsch war stark vom Schweizer Dialekt beeinflußt, und er erzählte uns vom Leben in Basel und besonders von den ausgezeichneten Handelsschulen in der Schweiz. Sein Unterricht wurde sehr gut besucht, und die meisten seiner Schüler hatten recht guten Erfolg in der Stenographie, darunter war auch ich. Ich konnte mir damals nicht vorstellen, daß ich ca. 40 Jahre später (1980) in Weil am Rhein nahe Basel wohnen und einmal das lebendige Schweizerdeutsch hören würde.

Wir hatten fünf Mal in der Woche Lettisch und lettische Literatur bei Alisa Krumina, die uns viel über die Entwicklung der lettischen Literatur des 19. und Anfang des 20. Jahrhundert beibrachte, die das Leben des lettischen Bauers und des Bürgertums schilderte. Besonders interessant fand ich den Roman *Riga* von August Deglavs über die ökonomischen und politischen Zustände Ende des 19. Jahrhunderts. Ich erinnere mich auch an die Novellen von Rudolf Blaumanis.

Im Schuljahr 1937/38 kamen viele Schüler aus der Jüdischen Schule Bers, die sich damals auflöste, darunter der Schüler Meyer Giligich. Ende des Schuljahres 1937/38 meldete er, daß er mit seiner ganzen Familie Lettland verlassen und nach Australien übersiedeln werde. Diese Information war für uns Mitschüler ganz unerwartet und neu. Heute kann man ohne Zweifel sagen, daß diese Entscheidung seines Vaters, der Lehrer war, sehr weitsichtig und vernünftig war. Wenn ich auf das Foto der Mitschüler meiner Klasse schaue, die 1940 die Schule absolvierten, so muß ich leider feststellen, daß nur ein ganz kleiner Teil meiner Klassenkameraden den Holocaust überlebt hatte, darunter auch Meyer Giligich. Nach rund 67 Jahren haben wir uns wiedergefunden, und zwar durch das Internet!

Hier weitere Erinnerungen an Lehrerinnen und Lehrer meiner Gymnasialzeit: Zunächst möchte ich mich unbedingt bei meiner Klassenlehrerin Sophie Itkina bedanken, die uns Englisch beibrachte. Ich erinnere mich besonders an das 2. Schuljahr im Gymnasium, als wir *Fairy tales* von Oscar Wilde lasen, die mir sehr gefielen. Besonders interessant fand ich die Unterrichtstunden des Geschichtslehrers Pisetzkij, der sich durch sein Lettisch auszeichnete, das er vollkommen beherrschte. Seine Sprache war sehr lebendig, emotional und inhaltsreich. Er hatte das Talent, für diese oder jene historische Situation die ganze Klasse zu begeistern, und historische Gestalten wie Napoleon, Suvorov, Martin Luther wurden fast wieder lebendig. Dr. Lifschitz unterrichtete Psychologie und deutsche Literatur. Wir studierten auch Shakespeares Drama *Hamlet* und befaßten uns mit der tragischen Gestalt des Helden. Auch mit Goethes *Faust* haben wir uns befaßt. Ich erinnere mich an diese Unterrichtsstunden, die wie Universitäts-Vorlesungen wirkten. Wir haben viele "Geflügelte Worte" gelernt, z.B. "Ein guter Mensch in seinem dunklen Drange ist sich des rechten Weges wohl bewußt." (J.W. Goethe).

Von meinen Schullehrern möchte ich noch folgende erwähnen: den Astronomielehrer Michajlowitsch und den Unterrichtsleiter, Herrn Taitz. Dieser hatte anscheinend eine breite Allgemeinbildung, da er auch ausfallende Stunden anderer Lehrer ersetzte. Besonders interessant lehrte er Geographie, Darwinismus und andere Fächer. Zum Beispiel berichtete er über seine Afrikareisen und einige Abenteuer in der Gegend der Stadt Timbuktu. Etwas humoristisch war seine teilweise darwinistische Erklärungen der Menschheitsentwicklung. So meinte er, daß die Urmenschen ein mächtiges Kinn besaßen, da sie meistens Rohkost aßen und andauernd kauen mußten. Über viele hunderttausend Jahre lebte der Mensch dann immer mehr in einer entwickelten Gesellschaft, wo die Mahlzeiten anders als in der Urzeit vorbereitet wurden. Das Kinn degenerierte und wurde kleiner. Nach dieser Entwicklungstheorie, so meinte Herr Taitz, werde die Menschheit ein Stadium erreichen, wo das Kinn sehr klein geworden sei. Als Lehrer Taitz der Klasse diese Theorie erklärte, brachen einige Schüler in Gelächter aus, und zwar aus einem einfachen Grund: Lehrer Taitz hatte selbst ein sehr kleines "degeneriertes" Kinn. Von da an machten einige begabte Schüler auf der Schultafel oft Zeichnungen der Evolution der Menschheit: der Urmensch mit einem mächtigen Kinn, der gegenwärtige Mensch mit einem normalen Kinn und der Mensch der Zukunft mit einem sehr kleinen Kinn. Als Resultat ergab sich, daß der Mensch der Zukunft ausgesprochene Ähnlichkeit im Profil mit dem Herrn Taitz hatte. Diese Zeichnungen wurden meist vor der Unterrichtstunde vorbereitet, und Herr Taitz, der sich diese Zeichnungen anschaute, war sehr zufrieden, daß die Schüler seine Theorie verstanden. Herr Taitz war seiner Natur nach ein liebenswürdiger Mensch. Trotzdem verlangte er von den Schülern Disziplin und Ordnung. Oft gab es im Schulleben Disziplinarprobleme, und diese wurden von Herrn Taitz mit folgenden Worten bestraft: "Drei Mal um 8!" Das heißt, der Schüler mußte sich eine Stunde vor Unterrichtsanfang beim Unterrichtsleiter melden. Herrn Taitz sah ich selbst einige Mal im Ghetto. Leider hat er den Holocaust nicht überlebt.

Unter meinen Nachbarn in der Rigaer Altstadt möchte ich auch gern meinen Mitschüler Sjoma Piter erwähnen, der an der Herrenstraße wohnte. Wir gingen oft gemeinsam zur Schule und besonders oft den Weg nach Hause in Begleitung seiner Mutter und seiner kleinen Schwester. Sjoma Piter hatte eine Schwäche für Journalistik. So wollte er auch mit meiner Teilnahme eine Schulzeitung herausgeben, was tatsächlich zustande kam. Er schrieb die Artikel, und ich machte Zeichnungen, die Zeitung wurde dann an der Wand des Klassenzimmers aufgehängt. Sjoma Piter hatte eine Cousine, Sara Slivkina, mit der ich später ab der 3. Klasse im Sabiedriska Gymnasium zusammen war.

Juden deutscher Sprache und Kultur in Lettland

Nun möchte ich das Verhalten einer bestimmten Bevölkerungsschicht der lettischen Juden beschreiben. Es handelt sich um die Juden, die in der deutschen Kultur und Sprache verwurzelt waren, sie kamen meist aus Kurland und der Umgebung von Riga: Mitau, Jakobstadt (Jelgava, Jekabpils). Es waren im allgemeinen Juden deutscher Kultur, deutscher Sprache, deutscher Erziehung, einer Ausbildung in deutschen Schulen und Gymnasien, die sich in allen größeren Städten in den oben genannten Teilen Lettlands befanden. In Riga gab es z.B. eine ganze Reihe deutscher städtischer Grundschulen und auch Privatgymnasien wie die Germanschule, die Lutherschule u.a. Zu Hause wude deutsch gesprochen. Deutsch war die Umgangssprache dieser jüdischen Bevölkerungschicht.

Obgleich Riga, Kurland, Livland und Estland niemals zum deutschen Reich gehörten, waren diese Länder viele Jahrhunderte lang in Sprache und Kultur deutsch-baltische Gebiete. Die jüdische Bevölkerungsschicht konnte sich nicht vorstellen, daß ein deutscher Soldat, ein deutscher Offizier ein Mörder sein konnte. Bis etwa 1939 wohnte man Haus an Haus mit deutschen Nachbarn und deutschen Geschäften: Der Bäcker von nebenan, der Friseur, die Wäscherei und tausend verschiedene Kleinigkeiten, auch deutsche Firmen, deutsche Geschäfte, die deutsche Tageszeitung "Rigasche Rundschau", der "Johann-Faber"-Bleistift – das alles war die gewohnte Umgebung des normalen Alltagslebens und sehr weit von irgendwelchen Gedanken entfernt, daß der deutsche Nachbar sich plötzlich als Mörder entpuppen könnte. Viele jüdische Menschen mit deutscher Kultur und Ausbildung waren Teil des täglichen Lebens in Lettland. So möchte ich besonders für diese Menschen sprechen, die das Unmögliche plötzlich für möglich halten mußten: Deutsch ist dein Feind!

In Deutschland war die Situation etwas anders: Seit 1933 fühlte man eine Konfrontation, die Juden wurden plötzlich angegriffen mit: "Du bist Jude, du gehörst nicht zu uns, du bist unser Feind!" So ging das einige Jahre mit zunehmender Intensität. Die Juden in Deutschland mußten sich dieser Tatsache beugen und daraus Konsequenzen ziehen. Es war aus mit der Idee: "Ich bin Deutscher mosaischen Glaubens!" Nun hieß es: "Du bist Jude und bleibst rassischer Jude, ob du nun deutsch sprichst oder nicht, ob du Ingenieur oder Chemiker bist, ob Professor oder Generalmusikdirektor!" Die jüdische Bevölkerung in Deutschland wurde somit von den deutschen Arbeitskollegen und Nachbarn immer mehr isoliert. Nicht wenige Juden erkannten das rechtzeitig und verließen ihre verlorene Heimat in alle Richtungen.

Die Juden in Baltikum hatten keine "Vorschule" und Vorbereitung auf den plötzlichen Umsturz von heute auf morgen am 22. Juni 1941. Zu schnell mußte die Rote Armee die baltischen Gebiete aufgeben, und es dauerte nur Tage, bis die siegreiche Wehrmacht das Baltikum eingenommen hatte. Die jüdischen Menschen, und besonders die deutsch erzogenen jüdischen Menschen, war nicht vorbereitet, im Laufe von 48 Stunden eine schnelle Entscheidung zu treffen, da es sonst schon zu spät war. Die jüdische Bevölkerung in Riga hatte in den Jahren 1933-1939 genügend Informationen über Greueltaten der Nazis in Deutschland, besonders über die Ereignisse der "Kristallnacht" vom 9./10. November 1938. Seit der Besetzung der baltischen Staaten durch die Rote Armee am 17. Juni 1940 hatte man keine genauen Informationen und Nachrichten über die Zustände Nazideutschlands.

Anscheinend haben viele Juden - und darunter die Juden deutscher Bildung und Erziehung - die schrecklichen Nachrichten der 1930er Jahre aus Nazideutschland vergessen oder zur Seite geschoben. Es hieß noch immer "Deutschland – das Kulturland, das Land der Dichter und Denker". So wollte man es wahrhaben! Das war nicht zuletzt der Grund dafür, daß viele Juden und besonders Juden deutscher Kultur und Erziehung den Weg nach Osten nicht akzeptiert haben, teils auch deshalb, weil die Sowjetisierung, d.h. "Nationalisierung" (Enteignung) von Eigentum (Häuser, Fabriken, Unternehmungen) von 1940 bis 1941 durchgeführt wurde. Viele wohlhabende Juden konnten diese Ungerechtigkeit und Widrigkeit der Gesetze nicht verwinden.

Man sollte auf keinen Fall auch vergessen, daß am 14. Mai 1941 eine große Anzahl wohlhabender und politisch verfolgten Juden zusammen mit lettischen Nationalisten nach Sibirien deportiert worden war, darunter - wie schon erwähnt - meine Cousine Bella Gottlieb mit ihren Eltern Abraham und Tante Fanny. Die Überlegung dieser Juden, "in das Land zu flüchten, das uns so viel Leid angetan hat", waren jetzt absolut nicht akzeptabel. Viele dieser Juden lebten in der Illusion, sie würden von der deutschen Besatzung eher profitieren als leiden. Leider war das eine total falsche Einschätzung.

Ich muß zugeben, daß auch mein älterer Bruder Benno (geb. 1914) durch die Sowjets sein bescheidenes Privatunternehmen aufgeben mußte und damit seine Existenz verlor. Er wollte von einer Evakuierung nichts wissen. Die im Vergleich zu den sowjetischen Soldaten in ihren Uniformen gut aussehenden deutschen Soldaten der Wehrmacht, die er in den ersten Tagen gesehen hatte, überzeugten ihn um so mehr davon, daß deutsche Ordnung auch für Gerechtigkeit sorgen würde. Das war alles, was er noch erlebt hatte, denn schon am 3. Juli 1941 wurde er von lettischer Hilfspolizei auf der Straße festgenommen. Im Zentralgefängnis wurde er zusammen mit einigen hundert Juden inhaftiert und Juli 1941 schließlich am Massengrab im Bikierneku-Wald erschossen. So mußte er, wie auch viele seiner Gesinnungsgenossen unter den Juden deutscher Sprache und Kultur seine Einstellung mit dem Leben bezahlen. Es ist interessant, daß meine liebe Mutter in den Tagen nach Kriegsausbruch am 22. Juni 1941 folgende Worte sagte, die ich nicht vergesse: "Wenn die Deutschen kommen, gibt es für uns nur einen Ausweg – wir müssen in die Düna (Daugava) springen!" Die Düna floß nur wenige hundert Meter von unserer Wohnung entfernt vorbei. Meine Mutter war in unserer Familie die einzige, die die Lebensgefahr erkannte. Leider erhielt sie in der Familie nicht genügend Unterstützung und Verständnis.

Es ist bemerkenswert, daß mein Vater Simon Scheinker (geb. 1881) kurz in ein Gespräch mit einem SS-Offizier und seinem Adjutanten im Vorhof der Polizeipräfektur in Riga verwickelt war. Die kurze Vorgeschichte war die, daß lettische Hilfspolizei in den ersten Tagen des Kriegsgeschehens im Juli 1941 eine Hausdurchsuchung bei uns durchführte, dabei Schmucksachen, Gold und Edelsteine meiner Mutter aus Schrank holte und in die eigenen Taschen steckte. Es wurde auch ein "Braunbuch" über die Greueltaten der Nazis der Jahre 1933-1935 in Deutschland in lettischer Sprache gefunden, das einem ehemaligen Untermieter gehört hatte. Daraufhin waren wir alle verhaftet und zur Präfektur gebracht worden. Mein Vater sagte damals folgende Worte, die ich nicht vergessen kann: "Wir sind deutsch gesinnt!" Der Adjutant antwortete daraufhin kurz und schroff: "Das gibt's nicht!" Diese kurze Erklärung war eine eindeutige Charakterisierung unserer Einstellung und entsprach völlig der Wahrheit. Wir waren tatsächlich "deutsch gesinnt" im Sinne der Sprache und Kultur. Wir waren weder lettisch noch russisch, sondern deutsch. Die jiddische Sprache wurde in unserer Familie verdrängt, obgleich wir gerne jiddische Witze in lustiger jiddischer Sprache hörten. Eine solche Einstellung gab es in vielen jüdischen Familien in Riga und anderen Städten, besonders in Kurland. Wir waren Juden mit deutscher Kultur und Muttersprache, aber mosaischen Glaubens.

Es wäre wohl so weitergegangen, aber leider kam am 1. September 1939 unerwartet der Tag X. An diesem Tag war ich gerade am Rigaer Strand an der Ostsee. Es war ein wunderbar warmer Tag mit Sonne, Meer und vielen Badegästen am Strand in Bulduri (Jurmala). Ich erinnere mich, zufällig einen Bekannten gesehen zu haben, der in zartweißer kurzer Sporthose am Wasser entlang flanierte. Viele Kurgäste machten es sich in Liegestühlen bequem. Gegen 12 Uhr ertönte plötzlich ein Lautsprecher in lettischer Sprache: "Die deutsche Wehrmacht ist über die Staatsgrenzen nach Polen eingedrungen!"

Die deutsche Sprache und Kultur in den baltischen Republiken, besonders in Lettland (Riga, Kurland) und Estland, fand ihr Ende erstens mit der Zwangsevakuierung baltendeutscher Familien 1939-1940 "Heim ins Reich" (Nazireich) und zweitens mit der Vernichtung der deutschsprachigen Juden in den (Mord-) "Aktionen" von November bis Dezember 1941 in Rumbula sowie in den folgenden systematischen Vernichtungsaktionen jüdischer Zwangsarbeiter.

Besondere Aufmerksamkeit verdient die jüdische Bevölkerungsschicht der kurländischen Städte Libau, Windau, Goldingen, Mitau, Talsen, Hasenpot und natürlich der Hauptstadt Riga, wo der größter Teil der jüdischen Bevölkerung mit deutschen Kultur und Sprache während ca. 100 Jahren lebte. Zu dieser Gruppe gehörte auch meine Familie. Die meisten dieser deutsch-geprägten jüdischen Menschen konnten sich nicht vorstellen, daß die Nazisoldaten der Wehrmacht und die berüchtigte SS-Soldateska nicht die Aufgabe hatten, deutschsprachige Juden zu schonen, dafür aber alle Juden ohne Ausnahme zu vernichten und so die "Endlösung" zu realisieren. Diese Situation erkannten leider nicht alle Juden in Riga und Umgebung. Die deutsch-jüdische Bevölkerung des Baltikums hatte noch immer Illusionen, und es war für sie unvorstellbar, daß Deutsche, die man so gut zu kennen glaubte und mit denen man vielleicht mehr als 100 Jahre Tür an Tür gelebt hatte, plötzlich Mörder werden konnten.

Mein Bruder Benno und die deutschsprachigen Juden, die in ihrer Ausbildung nicht nur durch die deutsche Sprache, sondern auch durch die Kultur und Philosophie, durch deutsche Dichter und Denker geprägt waren, hätten sich die neuen deutschen Lieder anhören und danach entscheiden sollen, ob sich ein

Versuch, in die große Sowjetunion zu fliehen, lohnte oder nicht. Ich möchte hier aus diesen Liedern zitieren:

Die Juden ziehen dahin – daher,
sie ziehen durchs Rote Meer,
die Wellen schlagen zu,
die Welt hat Ruh!
*
Und wenn das Judenblut vom Messer spritzt,
dann geht's noch mal so gut, dann geht's noch mal so gut!
*
Wir werden weiter marschieren weiter,
wenn alles in Scherben fällt;
denn heute gehört uns Deutschland
und morgen die ganze Welt!

Diese neuen Lieder der Deutschen, die ich mit eigenen Ohren hörte, ließen deutlich erkennen, was uns Juden erwartete.

Die deutsche Wehrmacht in Riga seit 1. Juli 1941

Die ersten Tage der Besatzung nach dem 1. Juli 1941 vergingen für die jüdische Bevölkerung mit Schrecken.[20] In den ersten Wochen konnten sich Juden auf der Straße zwar frei bewegen, doch sie wurden von deutschen Offizieren schroff belehrt mit den Worten: "Ihr Juden müßt vor einem deutschen Offiziers eure Mütze ziehen und grüßen!"

In den ersten Tagen der deutschen Besatzung wurde ich Zeuge des folgenden Vorfalls: Ich ging in der Kalkstraße und sah eine lange Schlange jüdischer Männer. In dieser Schlange erkannte ich meinen Cousin Max Lasar, verheiratet und Vater von zwei Kindern. Ich ging zu ihm und fragte ihn, weswegen er bei dieser Hitze in dieser Reihe stehe. Da sagte er: "Wir müssen alle warten, bis wir unseren Paß zurückbekommen, so wurde uns befohlen." Da kam ein SS-Mann und sagte mit harter Stimme zu den Wartenden: "Ihr Juden, lehnt euch nicht an die Wand des Hauses, sonst könnte die Wand noch einstürzen!" Und mit einer Handbewegung befahl er, einen Meter von der Wand abzurükken. Dieser Befehl war voll Ironie, denn die Wand war absolut nicht irgendwie

---

[20] Dazu Eberhard Jäckel et al. (Hg.), Enzyklopädie des Holocaust. Band. III, München 1995, S. 1228ff.

einsturzgefährdet. Sein Befehl war eine Verhöhnung und sollte den geschwächten Juden das Stehen unerträglich machen, denn an diesem Tag herrschte eine große Hitze. Wie ich später erfuhr, kamen diese Juden - etwa 150 Männer - ins Gefängnis, von wo sie eines Tages zum Wald von Bikernieki[21] gebracht und erschossen wurden. Ich sah meinen Cousin Max Lasar nie wieder.

Alle diese Beobachtungen machten mir große Sorgen und führten zu den Gedanken, daß das Naziregime ein Schlußstrich unter die Entwicklung der Menschheit machte und den Menschen verachtet, nur weil er Jude ist. Diese Veränderungen, die im Laufe nur weniger Tage geschahen, konnte ich einfach nicht verstehen.

In Stadt Riga gab es christliche Bekannte, Letten, die unsere Nachbarn waren, aber meist so taten, als ob sie mich nicht sehen und nicht erkennen würden. Ich glaube, daß sie teilweise eine gewisse Peinlichkeit beim Anblick unserer Erniedrigung empfanden, besonders nachdem wir Juden mit dem gelben Davidstern auf den Straßen gehen mußten. Es gab unter den Letten jedoch ein gewisses Pöbelproletariat, das mit geballter Faust und Schimpfwörtern auf jüdische Passanten losging. Unser Nachbar Hermanowitsch, der in der Wohnung Nr. 11 in der Neustraße 25/29 wohnte, sagte mir mit Überzeugung: "Endlich sind wir die Bolschewiken los, die kommen nie mehr zurück!" Diese Worte blieben mir bis heute im Gedächtnis. Er konnte sich damals nicht vorstellen, daß wir uns im Treppenhaus an derselben Stelle im Jahre 1946 noch einmal treffen würden. Er sah mich mit großen Augen an, fragte kurz nach meinen Eltern und Geschwistern. Seine Prophezeiung, die "Bolschewiken kommen hier nie mehr zurück", war nicht aufgegangen. Nun mußte er sich wieder der Sowjetmacht fügen.

Die Sowjetmacht hatte zwischen 1940 und dem 22. Juni 1941 bestimmt viele Unvollkommenheiten und Mängel aufzuweisen, aber viele Ideen der kommunistischen Propaganda waren für mich in meinem damaligen Alter attraktiv und voller Originalität, besonders in der Musik, die mich interessierte: Es gab viele Konzerte mit ausgezeichneten Musikern; es gab Theater und Opernbühnen, die jeden Kunstfreund begeistern konnten. Es hieß: "Die Kunst gehört dem Volk!" Tatsächlich waren die Eintrittspreise zu den meisten Konzerten sehr niedrig. In der Politik hieß es, alle Menschen seien gleich, und daß es keine Unterschiede zwischen den Nationen gebe: Juden, Letten, Russen, Po-

[21] Heute im Naherholungsgebiet der Stadt Riga.

len, Litauer – alle Völker seien gleich! Und es gab die offizielle Propaganda für Völkerfreundschaft, besonders in der großen Sowjetunion.

Über Nacht waren alle diese Ideen fort: Es gab keine Völkerfreundschaft mehr, keine Möglichkeit, an einer Hochschule oder Universität zu studieren, eine Bibliothek oder Konzerte zu besuchen, jedenfalls nicht für Juden. Es war aus mit den Träumen eines jungen Menschen, der soeben das Gymnasium beendet hatte. Plötzlich wurde ich mit menschenverachtender Gewalt konfrontiert. Und das alles in nur wenigen Tagen! Aus einem Tag voller Sonnenschein wurde plötzlich Nacht und Vernichtung. Ich konnte das nicht verstehen und mein Kopf war voll von widersprüchlichen Gedanken.

Ich fühlte, daß ich einen großen Fehler gemacht und mich zu wenig bemüht hatte, Riga zu verlassen, bevor es noch zu spät war. Meine Gedanken galten damals der Sowjetunion, von der ich nicht nur hoffte, sondern fest überzeugt war, daß sie diese finstere faschistische Macht vernichten werde, und G'tt würde ihr beistehen ob sie das wolle oder nicht. Mir schien, daß meine Gedanken von allen übrigen Menschen gesehen werden konnten, und daß ich als offener Gegner der deutschen Okkupationsmacht mit haßerfülltem Herzen entdeckt und auf der Stelle erschossen werden könnte.

Alle Werte meines Lebens wurden verschoben. Meine Eltern waren nicht mehr wie früher meine Stütze, denn auch diese verloren den Boden unter ihren Füßen. Die jüdische Nachbarschaft und unsere Verwandtschaft verloren ihren Halt und das Lebensgleichgewicht. Plötzlich rückten alle jüdischen Menschen zusammen, ohne Unterschied von Alter und sozialer Zugehörigkeit. Es war das Gefühl, als ob Menschen von den Wellen eines Sturm in einem Boot ohne Ruder getragen würden. Man schaute sich einander an, und keiner konnte mehr der klügere sein. Werte wie Bildung, Lebenserfahrung oder Sprachen waren nicht mehr gefragt und haben ihre Bedeutung gänzlich verloren.

Ein großer Teil der jüdischen Bevölkerung in Riga war – wie verschiedentlich schon erwähnt - im Sinne der Kultur, Sprache, Erziehung und Schule *deutsch* geprägt. Die grammatikalischen Regeln und deutschen Redewendungen wurden im Schulalter streng befolgt und geübt. Plötzlich verloren diese vielen Bemühungen, eine gepflegte deutsche Sprache zu beherrschen, ihre Bedeutung. Es hieß: "Du Jude bist ein Schwein und wirst verachtet, ob du die deutsche Sprache gut beherrschst oder schlecht!"

Das NS-Regime hatte das Schicksal der jüdischen Bevölkerung schon vorprogrammiert, und zwar im Sinne ihrer totalen Vernichtung. Das konnten wir vom ersten Tag an nicht gleich erkennen, aber je länger wir im besetzten Lettland und in Riga Erfahrungen machten, desto mehr gelangten wir zur Überzeugung, daß wir von den Deutschen früher oder später vernichtet würden. Eigentlich hatten wir alles verloren, und dies wurde uns nach und nach bewußt. Es gab kein Zuhause mehr. Weder Schule noch Universität, weder Lehrer noch Bücher waren für uns noch zugänglich.

Mit dem ersten Tag der Okkupation Lettlands nach der Einnahme der Stadt Riga durch die Wehrmacht am 1. Juli 1941 begann für mich eine totale Katastrophe, nicht nur wegen der Engpässe der Verpflegung und anderer allgemeiner Einschränkungen, sondern hauptsächlich wegen der Erfahrung, daß ich und damit alle Juden nicht mehr als Menschen anerkannt wurden. Tagtäglich konnte man diese Erfahrung machen. Nach nur einigen Wochen durften Juden nicht mehr auf den Bürgersteigen gehen, sondern sich nur noch am Rande der Straße bewegen. Ich ging mit gesenktem Haupte und schaute auf die Pflastersteine der Straße, die zu mir sagten: "Für uns bist du derselbe Mensch wie früher!"

Es blieben aber aktive Überlegungen zur Frage des Überlebens. Jeder wollte diese unnormale Zeit überleben und machte sich Gedanken wie. Unter uns gab es viele gebildete und kluge Menschen, die über die nächste Zukunft durchaus verschieden dachten. Die meisten kamen zum Schluß, daß wir Juden unter diesem Regime absolut keine Chancen zum Überleben hätten. Es sei nur eine Frage der Zeit.

Als 20-jähriger habe ich selbst darüber nachgedacht, besonders zusammen mit meinem Freund Shevah Berman. Ich stellte als erstes die Frage: Wie stehen die Siegeschancen für das faschistische Deutschland unter Hitler, und welche Chancen haben die Verbündeten? Ich kam zum Schluß, daß eine Macht, welche die meisten Völker der Erde nicht als gleichberechtigt anerkennt, sogar menschenverachtend hochstehende und minderwertige Nationen unterscheidet und letzten Endes nur egoistische, nationalistische Interessen des eigenen deutschen Volkes anerkennt, keine Chance habe, Sieger zu werden. Diese Gedanken halfen mir ganz bestimmt beim Überleben dieser schrecklichen Zeit. Ich war überzeugt, wenn ich auch selbst die Vernichtung des faschistischen Deutschlands nicht erleben sollte, daß bestimmt eine neue Zeit freier Völkern und Nationen kommen werde.

Als die deutsche Wehrmacht am 1. Juli 1941 in Riga einrückte, zeigte sie großes Interesse für die Altstadt, besonders die Kirchen, die Domkirche, die sich unmittelbar bei unserem Wohnhaus befand. Wir schauten aus dem Fenster. Plötzlich klopfte man an die Tür, und als wir öffneten, sahen wir vor uns drei bewaffnete junge lettische Hilfspolizisten mit weißer Binde am linken Arm. Sie fragten uns, warum wir aus dem Fenster geschaut hätten, dann wurde meine Mutter gezwungen, alle Schränke zu öffnen, und als sie ihren Schmuck im Schrank liegen sahen, nahmen sie ihn und stecken sich die Taschen voll: Es waren Goldringe, Goldketten und anderer kostbarer Schmuck. Sie drohten uns und verboten uns, aus dem Fenster zu schauen und führten ihre Wohnungs-Durchsuchung fort. Sie gingen auch in das Zimmer, wo Herr Feldmanis während der Sowjetzeit als Untermieter bei uns wohnte. Plötzlich fanden sie ein Buch in lettischer Sprache mit dem Titel "Braunbuch". Es war eine sozialdemokratische Ausgabe mit Illustrationen über die Greueltaten der Nazis in Deutschland zwischen 1933 und 1936. Damit fanden sie einen Vorwand, uns zu verhaften.

Meine Mutter, mein Vater, meine beiden Schwestern und ich mußten ihnen folgen, und man führte uns in die Präfektur. Dort sahen wir viele Juden, die von lettischen Schutzpolizisten drangsaliert wurden. Erst wurden wir vor einen deutschen Offizier gebracht, dem das Buch übergeben wurde. Er schaute sich das Buch an, konnte die lettische Sprache aber nicht lesen, und ich erklärte, daß das Buch von unserem Untermieter zurückgelassen wurde. Vater fügte hinzu: "Wir sind deutsch gesinnt!" Ein junger SS-Mann, der daneben stand, sagte schroff: "Das gibt's nicht!" Der Offizier reagierte nicht, und wir wurden von den Schutzleuten ins Innere der Präfektur geführt.

Meine Mutter und ich wurden in ein Zimmer gebracht, wo ein lettischer Nazi-Funktionär am Schreibtisch saß und meine Mutter anbrüllte. Als er sah, daß meine Mutter einen goldenen Trauring trug, wurde seine Wut besonders aggressiv, er näherte sich meiner Mutter und gab ihr mit seiner ganzen Kraft eine wuchtige Ohrfeige mit dem Befehl, den Ring vom Finger zu ziehen und ihm zu übergeben. Meine Mutter weinte nicht. Ich sah zum ersten Mal, daß meine Mutter geschlagen wurde, und ich konnte sie leider nicht verteidigen.

Nun wurden wir in einen großen Raum geführt und mußten uns in eine Ecke hinter ein Klavier stellen. Ob dies wegen des "Braunbuchs" geschah, wußte ich nicht. Wir wurden von einem jungen lettischen Polizisten beaufsichtigt, der uns von anderen anwesenden Juden absonderte. Das war mehr unser Glück als eine Strafe. Denn in dem großen Raum befanden sich viele Juden, die verschiedenen Schikanen ausgesetzt waren und oft auch geschlagen wurden. Wir mußten bis zum späten Abend dort verbleiben. Dann wurde meine Mutter von einem lettischen Polizisten aufgefordert, ihm zu folgen. Sie mußte nun Militärautos waschen, die auf dem Hof standen.

Da sah ich plötzlich meinen Mitschüler Mischa Judelson, der zu einem lettischen Polizisten mit fester Stimme rapportierte: "Wir haben die Arbeit ausgeführt, ich melde mich mit meinen Gehilfen zur Stelle!" Sein Erscheinen und Auftreten in dieser Situation schien mir sehr dreist und selbstsicher. Der lettische Hilfspolizist hörte ihn an. Mischa Judelson erhielt einen neuen Befehl, worauf er mit seinem Arbeitskommando verschwand. Ich habe ihn leider nie mehr gesehen, weder im Ghetto noch sonstwo. Es ist anzunehmen, daß Mischa Judelson neben vielen anderen Opfern nicht mehr lebend aus der Präfektur herauskam. In der Präfektur spielten sich schlimme Szenen ab. Viele wurden, geschlagen, erniedrigt und abgeführt, meist von lettischen Hilfspolizisten. Dieses Terrorregime in der Präfektur dauerte einige Wochen und kostete vielen das Leben.

Als man Arbeitskommandos zusammenstellte, schaute man auch auf uns hinter dem Klavier, doch der junge lettischer Aufseher gab uns nicht frei. So blieben wir bis zum späten Abend, als meine Mutter übermüdet vom Autowaschen zurückkam. Wir wurden entlassen, und ohne irgendwelche Folgen wegen des "Braunbuchs" durften wir wieder nach Hause gehen. Meine Mutter erzählte, sie habe kaum noch Kraft, so schwer habe sie arbeiten müssen. Angst und Schrecken blieben in uns zurück.

Seinerzeit gab es neue Gesetze und Verordnungen für Juden: Man mußte Fahrräder und Radioapparate abgeben, der Davidstern wurde eingeführt.[22] Juden durften nur zu bestimmten Tageszeiten einkaufen und nicht die Straßenbahn oder Busse benutzen; schließlich wurde den Juden verboten, Bürgersteige zu betreten, sie mußten nun am Straßenrand gehen. Arbeitsfähige waren gezwungen, sich zur Arbeit zu melden, und so kam ich zu Aufräumungsarbeiten: Als Kriegsfolgen in der Altstadt mußten die Trümmer beseitigt werden.

Bei dieser Arbeit sah ich plötzlich auch meinen Gesangslehrer, Herrn Schklyar. Er war ein gebildeter Musikpädagoge und Komponist, ein Student des Petersburger Konservatoriums, Schüler von Nikokaj Rimski-Korsakow und Anatoly Ljadow. Er arrangierte jüdische Volkslieder für Chor. Sein Chorlied "As die jontefdike täg" hatte er mit dem Schulchor einstudiert. Nun sah ich ihn, wie er schon als älterer Mann zusammen mit mir und anderen die schwere Arbeit bei der Aufräumung der Trümmer an der Petrikirche verrichten mußte; er überlebte diese Zeit nicht.

---

[22] Eberhard Jäckel et al. (Hg.), Enzyklopädie des Holocaust. Band. III, München 1995, S. 1229.

Alsdann wurde ich in ein Arbeitskommando bei der deutschen Luftwaffe eingeteilt. Die Arbeitsstelle war in Elisabethstraße, in der ersten Zeit hatten wir viel zu tun bei der Einrichtung von Arbeitsräumen. Wir trugen Möbelstükke bis in den vierten Stock, die Möbel wurden einfach aus jüdischen Wohnungen geholt. So kam ich z.B. plötzlich in die Wohnung meines Bekannten, des Bruders meines Mitschülers Gutti Bregman. Sein Bruder Iliya Bregman hatte gerade vor kurzem geheiratet und sich eine Wohnung in der Schützenstraße (Strelnieku iela) eingerichtet. Nun mußte ich seine neuen Möbel auf Befehl hinaustragen, und er schaute zu. Die Arbeit bei der Luftwaffe endete im Herbst 1941, als schon mit dem Bau des Ghettos begonnen wurde.

Im Ghetto und Arbeit im BdO-Kommando seit 24. September 1941

Unsere Familie - Vater, Mutter, Betty, Rachel und ich - konnte noch einen Monat in unserer bequemen 6-Zimmerwohnung in der Großen Neustraße (Jaun iela) 25/29, Wohnung Nr. 12, verbleiben. Am 24. September 1941, genau einen Monat nach der traurigen Nachricht über Bennos Tod, wurde unsere Wohnung beschlagnahmt. Wir wurden alle aus dem Hausbuch ausgestrichen mit dem Vermerk: "Ausgeschrieben am 24. September 1941, 'ungewiß wohin'". Innerhalb einer knappen Stunde durften wir unsere persönlichen Habseligkeiten schnell aus der Wohnung schaffen und verbrachten die Nacht im Treppenhaus.

Unsere unmittelbaren Nachbarn auf derselben Etage - Familie Hermanowitsch mit Frau und Tochter Ausma - waren Zeugen, daß wir aus unserer Wohnung ausgewiesen wurden und die Nacht auf den Treppen ausharren mußten. Herr Hermanowitsch war gelernter Ofensetzer und ein offener Gegner des Sowjetregimes. Bevor wir noch ins Ghetto ziehen mußten, waren seine letzten Worte: "Die Sowjetmacht wird jetzt total zerschlagen und kommt nie mehr nach Lettland zurück!"

Mein Vater organisierte am nächsten Morgen einen Handwagen, und wir marschierten mit unseren Habseligkeiten Richtung Ghetto. Unsere Wohnung war für immer verloren. Ich besitze heute alle Unterlagen mit den genauen Daten dieser traurigen Zeit des Jahres 1941 aus dem Rigaer Staatsarchiv, darunter ein Dokument vom 3. September 1959.

Die Wohnung in der Neustraße Nr. 25/29 befindet sich in Alt-Riga, unmittelbar an der Düna (Daugava). Sie wurde um 1900 gebaut und gehörte dem

Bauunternehmer Neuburg. Das Wohnhaus gehört zu den wenigen prachtvollen Jugendstil-Gebäuden in Alt-Riga, die zwischen den alten Wohnhäusern aus den vorigen Jahrhunderten besonders auffällig sind. Wie erwähnt, hatten wir eine 6-Zimmerwohnung, einen schönen Salon mit einem Dietrich-Freres-Klavier, gebaut in Sankt Petersburg. Dieses Klavier gehörte zur Mitgift meiner Mutter, geschenkt von ihrem Vater, meinem Großvater Shimon Gottlieb. Meine Mutter spielte gerne Klavier: Chopin-Walzer und andere Stücke, und wir Kinder hörten ihr gerne zu.

Wegen Wohnungsmangel im Ghetto waren die Einwohner sehr eingeengt, und oft hausten mehrere Familien in einem Zimmer. Die meisten Wohnungen wurden schon in September 1941 belegt, und wir hatten im Ghetto kaum Aussichten auf eine Wohnung. Meine Schwester Raja (Rachel) und ihre Schwiegermutter hatten jedoch rechtzeitig vorgesorgt und erwarben eine kleine Wohnung in der Ludzas iela. In dieser Wohnung lebten außer meiner Schwester Raja mit ihrem Baby und ihrer Schwiegermutter noch meine Mutter und meine Schwester Betty. Rajas Ehemann Boris Klubinow und sein Vater (Klubinow), wurden im Juli 1941 von lettischen Hilfspolizisten aus der Wohnung geholt. Es hieß "um eine Arbeit auszuführen..." Leider sind Boris und sein Vater nie mehr nach Hause gekommen; damals gab es unzählige solcher Fälle.

Der Bräutigam meiner Schwester Betty, Jakob Pokempener, war ein talentierter Sänger. Jakob arbeitete vor dem Krieg im großen Kaufhaus "Gentlemen", das sich in der Kalkstraße befand. In der Sowjetzeit schloß er sich der Organisation "Rabochaja gvardija" ("Stradnieku Gvarde", "Arbeitergarde") an und mußte mit einem Gewehr in der Hand die Evakuierung der Roten Armee und der sowjetischen Funktionäre absichern. Jakob gelangte samt "Arbeitergarde" in die Sowjetunion, wo er später in der Roten Armee an der Front gegen Hitlerdeutschland kämpfte. Leider hatte er die Verbindung zu meiner Schwester Betty verloren, sie blieb in Riga. Jakob Pokempener überlebte den Krieg, kam in die Sowjetunion zurück und heiratete. Nach dem Kriege trafen wir uns einige Mal.

Mein Vater und ich waren gezwungen, in den ersten Wochen nach der vollständigen Abriegelung des Ghettogebiets ab Oktober 1941 in einer allgemeinen Unterkunft ("Asyl") uns mit Bettstellen zu begnügen.

Meinen Bruder Benno traf – wie bereits erwähnt - schon in den ersten Tagen der deutschen Besetzung von Riga ein schweres Schicksal. Benno hatte die irrtümliche Vorstellung, daß seine ausgezeichnete deutsche Ausbildung (die deutsche Erich German Privatschule und die Börsen-Kommerzschule in Riga) ihm helfen würde, die deutsche Okkupation zu überleben. Leider konnten sich viele jüdische Bürger, besonders mit deutscher Ausbildung, eine totale Ausrottung der jüdischen Bevölkerung ohne Rücksicht auf Bildung, Sprachkenntnisse und sonstige Fähigkeiten im normalen bürgerlichen Leben nicht vorstellen. Kaum waren die ersten deutschen Militärvorposten in die Stadt eingedrungen, führten die lettische faschistische Organisation "Perkonkrusts" und ihre Anhänger verbrecherische Aktionen durch: Viele Hunderte jüdische, meist junge Menschen wurden von der Straße und aus den Wohnungen gezerrt, in einige schon überfüllte Gefängnisse gesperrt oder sofort in einem Wald erschossen. So erfuhr ich später, daß sich auch mein Bruder Benno im Rigaer Zentralgefängnis befand und im Bikernieki-Wald bei Riga im Juli 1941 an einem Massengrab erschossen wurde. Seinen traurigen Tod entnahm meine Mutter am 25. August 1941 der Mitteilung unseres Hausmeisters, daß Benno infolge seiner Nichtexistenz aus dem Hausbuch ausgestrichen werde. Offiziell hieß es: "ausgeschrieben aus dem Hausbuch am 25. August 1941, 'ungewiß wohin'". Nach dieser Nachricht überkam meine Mutter ein Weinkrampf, da ihr Herz verstand, daß ihr ältester Sohn nicht mehr am Leben war.

Am 24. September 1941 hatten wir also unsere Wohnung verlassen und ins Ghetto übersiedeln müssen. Damals kam ich in das "Arbeitskommando BdO" ("Befehlshaber der Ordnungspolizei") mit Sitz in der Hermann-Göring-Straße, früher Nikolajstraße oder Waldemar iela.

Das Kommando BdO umfaßte 30 bis 35 Zwangsarbeiter, die in bestimmten Arbeitssektoren eingeteilt waren. In diesem Arbeitskommando befanden sich Angehörige der Familie Bergman: mein Schuldirektor Janno Bergman, seine Söhne Michael (Mika), Alexander (Sascha); Vater, Mutter und beide Söhne Peter (Petya) und Izya Springenfeld; der Radiotechniker Sawelij (Shewah) Berman (der Enkelsohn des bekannten jüdischen Schauspielers Suritz), zwei Schneidermeister Feinstein. und andere. Wie die anderen wohnte ich bereits im Ghetto.

Eine Gruppe mußte für Brennholz und die Heizung sorgen, zuweilen in der Küche Kartoffeln schälen (z.B. ich mit meinem Schuldirektor Janno Bergman u.a.). Einen besonderen Status hatte der Techniker Sascha (Sawely, Shewah) Berman. Letzterer hatte eine technische Ausbildung für Radio und Radiobau, außerdem war er Elektriker und Uhrmacher. Alle diese Spezialitäten hatten einen besonderen Wert für die deutschen Besatzer. So wurde Shevah von seinem Vorgesetzten, Polizeimeister Windisch, begünstigt, indem er zusätzlich Brot und Lebensmittel erhielt. Es ist heute kein Geheimnis mehr, daß er heimlich die BBC-Sender hörte, was streng untersagt war und sogar mit dem Leben bezahlt werden konnte, aber er riskierte es. Ich erfuhr durch ihn die neuesten Nachrichten von der Frontlage. Natürlich hat Shevah dazu keine Erklärungen abgegeben, und ich habe niemals gefragt, woher diese Nachrichten stammten.

Wir trafen uns am frühen Morgen in der Ludzas iela nahe am Ghettotor zur Stadt. Ein Polizeimeister holte uns ab, wir waren alle mit dem gelben Davidstern gekennzeichnet und mußten vom Ghetto am Straßenrand entlang durch die Stadtmitte marschieren, und zwar durch die Gertrudstraße, teilweise durch die Dorpater- und Elisabethstraße Richtung Hermann-Göring-Ring (Waldemarstraße), wo sich die Niederlassung BdO befand. Dieser Fußweg von 2 bis 3 km dauerte 40 bis 50 Minuten. Dieser Marsch war für uns im allgemeinen vorteilhaft. Wir marschierten durch die frische Luft, trafen uns mit unseren Leidensgefährten und konnten unsere Gedanken austauschen. Außerdem hatten wir Gelegenheit, unter die Stadt unter der Nazi-Herrschaft anzuschauen. Wenn es auch gefährlich war, so gab es trotz Verbot doch Möglichkeiten, Blitzkontakte mit lettischen Bürgern zu haben, die außerhalb des Ghettos wohnten. Die lettische Bevölkerung betrachtete uns zumeist indifferent.

Meist gingen Shevah Berman und ich zusammen und tauschten Gedanken, Überlegungen und Neuigkeiten aus. Wir überlegten, was man tun sollte, um diese Gefangenschaft und Sklavenarbeit zu überleben. Türmen, aber wann, wie und wohin? Gegen Ende des Jahres 1941 waren erste Vorzeichen einer deutschen Niederlage bemerkbar, man munkelte über Niederlagen der deutschen Wehrmacht in Rußland. Auf dem Wege zur Arbeit stellten wir fest und sahen mit eigenen Augen, daß es eine sehr große Anzahl verwundeter deutscher Soldaten in den Lazaretten und Krankenhäusern gab. Wir sahen, daß im Gebäude des Rigaer Bahnhofs und im Konservatorium, beide als Krankenhäuser umfunktioniert, verwundete und forstgeschädigte deutsche Soldaten eingeliefert wurden.

Besonders betroffen reagierte ich auf die Kinoreklamen, denn Kino, Theater und Konzerte waren für uns Juden von nun an Tabu. Kinobesuche verband ich mit den besten Erinnerungen und einem ästhetischen Genuß meiner besten Jugendjahre. Meine Geschwister und ich mochten das Kino und besuchten mit Begeisterung schöne Filme. Besonders populär waren damals die Filme mit Zarah Leander und ihre schönen Lieder und Romanzen sowie die bekannten Filme mit Marlene Dietrich, z.B. *Der blaue Engel* (1930). Die bekannten Lieder wurden bei uns zu Hause gesungen, denn wir waren – wie mehrfach erwähnt - eng mit der deutschen Kunst und Kultur verbunden. In den NS-Jahren begann jedoch eine neue, besonders antisemitische "Kinokultur". Ich erinnere mich an die Propaganda und an die große Reklame für den Kinofilm *Jud Süß*,[23] und wie ich später erfuhr, war dieser ganz besonders antisemitisch und sollte direkt die "Endlösung", d.h. die Vernichtung der "niedrigen jüdischen Rasse") rechtfertigen: Juden wurden mit Ratten verglichen... Die Wannseekonferenz am 20. Januar 1942 besiegelte ja die sogenannte "Endlösung der Judenfrage", die Massenvernichtung aller Juden, groß und klein, reich und arm, jung und alt. Bemerkenswert ist, daß die totale Judenvernichtung in Riga und in anderen deutschbesetzten Ostgebieten sofort nach dem Überfall Hitlerdeutschlands auf die Sowjetunion ab 22. Juni 1941 begann. Vielleicht waren die "Aktionen" in Riga zwischen November und Dezember 1941 oder in Kiew-Babij-Jar[24] bereits im September 1941 eine "Generalprobe" der praktischen Vernichtung. Hitler und seine Gefolgschaft überzeugten sich, daß man Juden massenhaft vernichten und von niemandem in der Welt aufgehalten werden kann.

Ein Rätsel war für uns (und nicht nur für uns) die deutsche Kriegserklärung an die USA am 11. Dezember 1941. Wir freuten uns über dieses Rätsel, denn die meisten Ghettobewohner hatten folgende Philosophie: "Wir Juden haben nur eine minimale Chance, den Krieg zu überleben, denn in jedem Fall sind wir Kriegsopfer. Falls die Deutschen siegen, werden wir ewige Arbeitssklaven und beenden unser Leben entweder durch eine Kugel oder durch Hunger. Wenn Deutschland den Krieg verliert, bedeutet das zwar dessen Untergang, aber noch davor werden alle Juden liquidiert. Eine dritte Möglichkeit und die einzige mit Überlebenschancen schien darin zu liegen, ein Versteck zu finden und gefälschte "Arier"-Ausweise zu organisieren.

An der Arbeitstelle angelangt, wurde die Arbeit unter uns verteilt. Die Angehörigen der Familien Bergman und Springenfeld mußten für die Heizung und die Küche sorgen. Wir waren mit Holzsägen und Holzhacken im Hof beschäftigt und mußten dann das Kleinholz in Küche und Zimmer tragen. Es gab eine bestimmte Regelung, wer das Holz in die Küche tragen mußte, wo Frau Springenfeld arbeitete.

---

[23] "Jud Süß" von Veit Harlan aus dem Jahre 1940 ist nur scheinbar an die historische Gestalt des württembergischen Hofjuden Joseph Süß (1698-1738) angelehnt, sollte das Judentum diskreditieren und eben die "Endlösung der Judenfrage" vorbereiten; Lion Feuchtwanger hatte seinen Roman *Jud Süß* bereits 1925 veröffentlicht.

[24] Dazu Erhard Roy Wiehn (Hg.), Die Schoáh von Babij Jar – Das Massaker deutscher Sonderkommandos an der jüdischen Bevölkerung von Kiew 1951 fünfzig Jahre danach zum Gedenken. Mit einer Dokumentation. Konstanz 1991; ders. Babij Jar 1941 – Das Massaker deutscher Exekutionskommandos an der jüdischen Bevölkerung von Kiew 60 Jahre danach zum Gedenken. Konstanz 2001.

Damals hatte ich im Ghetto kaum was zu essen und litt an Hunger. Als ich eines Tages die Anweisung erhielt, Holz in die Küche zu tragen, war ich verwundert, da meist die Brüder Springenfeld oder die Brüder Bergman diese Arbeit verrichteten. Als ich nun die Trage entleerte und das Holz stapelte, kam unauffällig Frau Springenfeld zu mir, drückte mir ein Stück Butter in die Hand und sagte ganz leise: "Sofort in den Mund nehmen!" Nachdem ich wochenlang weder Fett noch Butter gesehen und gegessen habe, war das für mich ein ganz besonderer Leckerbissen! Ich erinnere mich daran, als wäre es gestern gewesen, daß sich die Butter in meiner trockenen Speiseröhre auflöste wie Butter in der heißen Pfanne! Wahrscheinlich waren meine Speiseröhren ausgetrocknet und verlangten nach etwas Fett. Ich war Frau Springenfeld ganz besonders dankbar und kann ihre gute Tat bis heute nicht vergessen. Leider wurde sie bei der Todes-"Aktion" in Rumbula im Dezember 1941 ermordet. Auch die Frau meines Schuldirektors Bergman und sein jüngster Sohn Daniel wurden bei den Vernichtungsaktionen im November/Dezember 1941 erschossen.

Im Großen Ghetto wurden unter den Ghettoeinwohnern Lebensmittelkarten verteilt. Eine Karte galt für eine "Ghettoration" und war für einen Monat gültig. Die Rationen waren extrem klein und würden vielleicht für eine Woche gereicht haben, aber nicht für einen Monat. Die Menschen, die über keine zusätzlichen Vorräte verfügten, waren einer totalen Hungersnot ausgesetzt, und dazu gehörte eigentlich der größere Teil der Ghettobewohner. Im Ghetto gab es einen kleinen Lebensmittelladen, auf den Regalen war aber nicht viel zu sehen: Ich glaube, es waren einige Fischkonserven, Mehlpakete und Salzpäckchen. Verwalter und Verkäufer in diesem Laden war Herr Pieter, Vater meines Mitschülers Sjoma Pieter in der Rauchwarger-Schule (Marienstraße 57), der in meiner Nachbarschaft in Alt-Riga in der Herrenstraße wohnte. Wir gingen oft in Begleitung seiner Mutter von der Schule nach Hause. Sjoma Pieter und seinen Vater habe ich später im Ghetto und nach dem Krieg nicht mehr gesehen. Seine Cousine Sara Slivkina war im Rigaer Sabiedriska Gymnasium meine Mitschülerin seit der dritten Klasse. Ich traf mich mit ihr nach dem Krieg, als sie aus der Sowjetunion nach Riga zurückgekommen war. Auf die Frage, wo ihr Cousin Sjoma Pieter geblieben sei, sagte sie mir, daß Sjoma als Soldat an der Front gefallen war.

Ein ganz besonderes Schicksal hatte unser Schuldirektor Janno Bergman. Er hatte drei Söhne: Mika (Michael), Sascha (Alexander) und Daniel. Mika, der älteste (geb. 1920) besuchte die Rauchwarger-Schule und war somit auch mein Mitschüler. Sascha (geb. 1924) war mein Mitschüler im Rigaer Sabiedriska Gymnasium. Daniel war der jüngste und begann die Schule im Jahre 1939. Im

Spätherbst des Jahres 1941, als das Ghetto errichtet und die Juden hinter Stacheldraht eingeschlossen worden waren, wollte es das Schicksal, daß ich zusammen mit Direktor Janno Bergman und seinen Söhnen Mika und Sascha in einem Arbeitskommando war, nämlich im "BdO" (Befehlshaber der Ordnungspolizei). Diese Dienststelle befand sich in der Waldemarstraße, Ecke Kolpak-Boulevard. Nun kam es recht oft dazu, daß Direktor Bergman, seine Söhne und ich Kartoffeln schälen mußten. An und für sich ist Kartoffelschälen ja eine ganz normale Arbeit, aber wenn plötzlich der Schuldirektor gezwungen war, mit mir als seinem Schüler für deutsche Polizisten Kartoffeln zu schälen, so war das für mich persönlich eine unnormale Situation, und ich fühlte dabei Unbehagen, weil dies eine Erniedrigung für meinen Direktor war.

Bei der plötzlichen Ausweisung unserer Familie und Beschlagnahmung unserer Wohnung in der Großen Neustraße 25/29 am 24. September 1941 und bei einer beschränkten Zeit von etwa einer Stunde ist anzunehmen, daß meine Eltern weniger an Lebensmittel dachten als an andere Dinge und Bekleidung. Das Ghetto wurde im Oktober 1941 hermetisch geschlossen, und es gab kaum eine Möglichkeit, zusätzlich Lebensmittel zu kaufen. Beim Betreten des Ghettos kam es oft zu strengen Kontrollen. Brot oder andere Nahrungsmittel durfte man nicht mitbringen. Wenn die lettische Polizeikontrolle etwas fand, so wurde man brutal geschlagen. Trotzdem riskierten die Männer oft, etwas für die Familie mitzubringen.

Es ist wichtig, hier zu sagen, daß mein älterer Bruder Benno, der in den letzten Jahren sehr tüchtig für die ganze Familie sorgte und auch mit Lebensmitteln versorgte, nach dem 5. Juli 1941 nicht mehr in der Familie war: Er wurde – wie erwähnt - von der lettischen Hilfspolizei auf der Straße aufgegriffen, ins Gefängnis, von dort im Bikernieki-Wald gebracht und mit einigen hundert anderen Juden erschossen. Daher hat unsere Familie sehr gelitten, und so kam es, daß wir ohne zusätzliche Vorräte im Ghetto eingeschlossen wurden. Auf diese Weise ist leider auch zu erklären, warum wir alle schon in den ersten Wochen im Ghetto dem Hunger ausgesetzt waren. Meine Mutter war gezwungen, sogar die Kartoffelschalen eßbar zuzubereiten. Ich fühlte zwischen Oktober und November 1941 täglich nagenden Hunger. Dieser Zustand besserte sich teilweise, als ich ins "Arbeitskommando BdO" ("Befehlshaber der Ordnungspolizei") kam.

Sonntag war Ruhetag, es wurde nicht gearbeitet. Auch im Oktober und November gab es sonnige, wenn auch recht kalte Tage in Riga. Obgleich man sich im Ghetto erniedrigt fühlte und auch die Möglichkeiten sehr begrenzt waren, versuchten besonders die Jugendlichen, eine Stimmung von Normalität zu erzeugen. So bemühte man sich, die beste Kleidung zu tragen, eine gute Miene zu machen und sich beim schönen Wetter auf der "Hauptstraße", dem sogenannten "Broadway" (Ludzas iela), zu zeigen. Ungeachtet dessen, daß der Tod jeden Tag die jüdischen Arbeitssklaven begleitete, wurde im Ghetto für Lebensoptimismus gesorgt. Die versklavten Menschen brauchten Lebenskraft und versuchten, wenn auch für nur wenige Stunden, die reale Situation zu vergessen. So erinnere ich mich an die sonnigen Oktobertage 1941 im Ghetto: Als ich die Ludzas iela - unseren "Broadway" - entlang spazierte, traf ich viele meiner damaligen Mitschüler und Mitschülerinnen, darunter die schönen Mädchen, die mir herausgeputzt in modernen Mänteln und mit freundlichen Gesichtern entgegenkamen. Wir begrüßten uns und versuchten, eine gute Miene zu machen, scherzten mit einander, als wäre alles normal. Ich möchte hier einige nennen, die ich damals getroffen hatte: Ada Zlotower, Roscha Joffe, Ada Zlatowerowa, Basja Skutel, Pupa Jankowitsch, Beba Schlachter, Mija Tankelowitsch, Raisa Peres, Bella Rakusina und andere. Alle genannten jungen Mädchen, die mit mir das Gymnasium absolvierten und etwa 20 Jahre alt waren, wurden in den beiden "Aktionen" am 29. November und 8./9. Dezember 1941 in Rumbula erschossen.

Als das Große Ghetto noch existierte, fand ein bedeutendes Konzert statt: Es wurde das Klaviertrio von Peter Tschaikowsky gespielt. Die Solisten waren Prof. Metz, Geige, Lew Arnow (Aronson), Cello, Herman Godes, Piano. Alle Ausführenden waren ausgezeichnete und berühmte Musiker. Leider spielte diese Zusammensetzung der Solisten im Ghetto nur ein einziges Mal. Es gab keine Wiederholung und keine weitere Möglichkeit, Trios oder Quartette zu spielen, weder im Großen noch im Kleinen Ghetto. Lew Arnow und Herman Godes überlebten den Holocaust, Prof. Metz nicht. Man versuchte, an den freien Abenden im KZ auf einer improvisierten Bühne lustige Possenstücke zu zeigen, auch mit humoristischen Inhalten des Ghettoregimes. Unter den "Schauspielern" war z.B. auch mein späterer Kollege in Paplaka, Kasriel Zwiekler, der ausgezeichnete humoristische russische "Couplets" mit Gesang und Humor vorführte. So erinnere ich mich an sein Lied "In tiefschen Waldes Gründen ist kein Räuberchen mehr zu finjen..." Zufällig kam ein SS-Mann in die Baracke und hörte den Gesang von Kasriel Zwiekler und lachte. Die jüdischen Mädchen, die aus Gelsenkirchen, Duisburg, Berlin und Wien kamen, brachten viele populäre Lieder jener Zeit und Schlager aus bekannten deutschen Kinofilmen und besonders die von Marlene Dietrich, Zara Leander auf die Bühne des

KZs. Alle sangen sie ausgezeichnet und mit Erfolg, z.B. "Ich bin vom Kopf bis Fuß auf Liebe eingestellt", "Der Wind hat mir ein Lied erzählt", "Ich brauche keine Millionen", "Wien, Wien, nur du allein..." usw.

Im Großen Ghetto traf ich mich oft mit meinem Mitschüler Baer Levy. Er war im Gymnasium eine Klasse tiefer und auch ein Jahr jünger als ich, ein begabter Mathematiker und Helfer seines Klassenlehrers, Herrn Belinkij, der Mathematik und Physik unterrichtete. Baer Levy überlebte den Holocaust, wurde Student an der Fakultät für Mathematik und Physik der Universität in Riga. Nach dem Kriege heiratete er seine Mitschülerin Vera Lurje und übersiedelte nach Amerika. Im Jahre 2005 erfuhr ich von meiner Mitschülerin Krejna Grushko (jetzt Frau Bringman), daß Vera Lurje in Amerika gestorben war. Diese Nachricht bestätigte auch Frau Storobina, die mir Krejna Grushko befreundet war. - Nach dem Kriege hatte ich freundschaftliche Beziehungen mit den Schwestern Nina und Vera Lurje. Nina und Vera besuchten die 14. Deutsche Städtische Grundschule am Kronwald-Boulevard, und sie waren auch Mitschülerinnen meiner jüngsten Schwester Rachel. Eine weitere Mitschülerin in dieser Grundschule war Pera Sigalowa, die ich nach dem Krieg im Konservatorium traf, wo sie bei Prof. Dauge Klavier studierte. Wir trafen uns regelmäßig, da ich nach der Demobilisierung von der Sowjetarmee 1946 einen Vorbereitungskurs an der Klavierabteilung im Konservatorium besuchte. Ich hatte kein Klavier zu Hause, und Pera stellte mir ihren Flügel zur Verfügung, wofür ich ihr sehr dankbar war. Sie hatte drei Brüder, die alle im Kriege an der Front gegen Hitlerdeutschland kämpften und als Helden gefallen waren.

Im Großen Ghetto traf ich auch Menschen, die ich jahrelang nicht gesehen hatte. So traf ich eines Tages meinen privaten Religionslehrer Rebbe Friedman aus Jakobstadt (Jekabpils) mit seiner Frau. Mein Lehrer Friedman war ein gebildeter und religiöser Mann, der mich einige Jahre für die Bar Mitzwa[25] vorbereitet hatte. Ich mußte einen Abschnitt aus der Thorarolle mit einer bestimmten Melodie laut vortragen und die dazugehörigen Segenssprüche sagen. Der Unterricht des Lehrers Friedman war vielseitig und sehr wichtig für meine religiösen Gefühle damals, vielleicht mit Nachwirkungen bis zum heutigen Tag. Lehrer Friedman lehrte mich alle Gebete für die Wochentage und für die jüdischen Feiertage, die ich teilweise bis heute im Gedächtnis behalten habe. Außerdem lasen wir zusammen "Humasch"[26] (Fünf Bücher Mose). Wir hatten

[25] Siehe Seite 39, Fußnote 19.

[26] Von "chamesch", hebräisch 5.

eine Bibel in hebräischer Sprache mit jiddischer Übersetzung. Rebbe Friedman und seine Frau kamen in der Aktion 1941 ums Leben.

Ich persönlich hatte großes Interesse am Inhalt der Bibel. Sehr beeindruckt war ich von Noahs Geschichte, von seiner Arche und der Sintflut. Aber ganz besonders rührte mich die Geschichte von Joseph und seinen Brüdern. Lehrer Friedman war nicht nur ein guter Pädagoge, sondern auch ein begabter Schauspieler, der sich sehr für Theater interessierte und oft besuchte. So erzählte er mir mit großem Enthusiasmus von Schillers Drama *Die Räuber*, dessen Inhalt er mir mit Begeisterung und schauspielerischem Können wiedergab, sein erzählerisches Talent zeigte sich hier besonders vielseitig. Ich hörte zu und der dramatische Inhalt packte mich so sehr, daß ich diese biblische Geschichte bis heute immer wieder neu lesen und hören möchte. Als Junge war ich übrigens enttäuscht, daß ich in der Pessach-Haggada[27] umsonst die Erzählung von Joseph und seinen Brüder erwartete, obwohl ich es logisch gefunden hätte, die Geschichte vom Auszug der Israeliten aus Ägypten damit zu beginnen.

Die Vernichtung des Großen Rigaer Ghettos ab 29. November 1941

Die Arbeitssklaven im Ghetto, die aus vielen westdeutschen Großstädten kamen, waren von "Kopf bis Fuß" deutsch, und dies im Sinne der Sprache, ihres Benehmens, der Erziehung usw. Sie waren seit Jahrhunderten deutsch geprägt und lebten in Deutschland von Generation zu Generation. Leider waren sie aber keine deutschen Staatsbürger mehr. Bei der Ankunft in Riga wurde auf dem Bahnhof Skirotava eine große Selektion durchgeführt. Ältere und gebrechliche Leute wurden sofort in den Bikiernieki–Wald abtransportiert und dort erschossen. Die arbeitsfähigen Juden kamen, teilweise in den Baracken des KZs Salaspils (ca. 20 km von Riga entfernt), unter ein schreckliches Regime, wo die jungen SS-Burschen Schießübungen auf beweglichen Ziele - d.h. Menschen - durchführten! Dies hatte mir Hans Levi aus Hannover persönlich erzählt, der dort einige Tage war und sich von seinem jüngeren Bruder (etwa 16 Jahre alt), der dort eingesperrt war, leider trennen mußte. Ein anderer Teil der deportierten deutschen Juden kam in das geräumte Ghettoviertel, wo oft noch auf den Tischen warme Speisen standen; denn erst vor wenigen Stunden

[27] Die Passach-Haggada ist ein Kanon von Gebeten, Erzählungen und Liedern über Auszug der Israeliten aus Ägypten, der am Sederabend, also zu Beginn des Pessachfestes, gelesen und gesungen wird.

wurden lettische Juden dort einquartiert und nahmen ihre letzte Mahlzeit ein, bevor sie ihren Todesmarsch nach Rumbula, 10 km zu Fuß, durch Sturm und Kälte am frühen Morgen des 29. November 1941 begannen, begleitet von den lettischen Polizisten und bewaffneten SS-Schergen.

Die Tage des Großen Rigaer Ghettos waren also gezählt, nachdem es knapp 60 Tage bestanden hatte, nämlich im Oktober und November 1941. Es näherte sich der Tag der Vernichtungsaktion - der 29. November 1941. Denn am 28. November wurde ein Befehl veröffentlicht, daß sich am nächsten Morgen alle Frauen, Kinder und älteren Männer auf dem Sammelplatz einfinden müssen. Und so war es: Früh am Morgen gingen Tausende jüdischer Frauen und Kinder wie auch ältere Männer in Begleitung von bewaffneten lettischen Polizisten zu Fuß die Moskauer Straße entlang, vorbei an der großen Porzellanfabrik Kusnezow. Das Massaker wurde im kleinen Wald Rumbula verübt. Die Massengräber waren zuvor von russischen Kriegsgefangenen ausgehoben worden, die Maschinengewehre der Mörder arbeiteten pausenlos und mähten Tausende unschuldiger Menschen nieder. Dieselbe Greueltat wiederholte sich am 9. Dezember 1941, als abermals rund 13.000 bis 15.000 unschuldige Menschen ermordet wurden.

Wie schon erwähnt, so schlief ich mit meinem Vater im Wohnasyl gegenüber der Wohnung meiner Mutter und Schwestern. Am Abend nach der Rückkehr von meiner Arbeit erfuhr ich vom Befehl, daß Frauen und Kinder das Ghetto am nächsten Tag verlassen mußten. Schweren Herzens ging ich zu meiner Mutter und meinen Schwestern, um mich zu verabschieden und sie zu ermutigen, die Hoffnung nicht aufzugeben. Als ich in die Stube kam, umarmte mich meine Mutter, schaute mich an und sagte weinend: "Lieber Alli, wir werden uns niemals mehr sehen!" Ich antwortete: "Das darfst du nicht sagen - verlier die Hoffnung nicht!" Die letzten Worte meiner Mutter werde ich niemals vergessen. Ihr Mutterherz fühlte die schauerliche Wahrheit, die ihr bevorstand, und sie sagte, was sie fühlte. Leider war das die Wahrheit. Meine Schwestern wollten nicht über den kommenden schrecklichen Tag nachdenken. Meine Schwester Betty sagte: "Ich bin jung, ich möchte weiterleben!" Ich umarmte sie und küßte sie. Meine jüngste Schwester Rachel sagte: "Ich werde alles versuchen, für meine Tochter zu sorgen!" Rachel hatte im August 1941 im Ghetto ein Kind geboren.

Diese tragischen Momente, die ich beim Abschied von meiner Mutter und meinen Schwestern erlebte, gingen mir tief in die Seele. Ich unterdrückte absichtlich die Tatsache, daß es für ein Wiedersehen kaum Chancen gab. Dieser tragische Abend meines Abschieds im Ghetto war kein Einzelfall, solche Abschiede gab es zu Tausenden auch in anderen Häusern und Familien - mit Tränen und Hoffnungen.

Der Tag der Bekanntmachung einer "Evakuierung" der Frauen, Kinder und älteren Männern kam plötzlich und wirkte wohl wie ein Schock auf die Ghettobewohner. Jeder machte sich Gedanken über den Befehl und was er bedeuten könnte. Die Minderheit der Optimisten erklärte: Man werde in ein Arbeitslager überführt. Die Pessimisten und Realisten waren anderer Meinung und schlossen absolut nicht aus, daß diese Zwangsevakuierung ein Todesurteil sein würde. In einem großen Dilemma befanden sich viele Männer, die zum Arbeitseinsatz eingezogen waren: Sollte man weiterarbeiten und sich von der Frau und Kindern trennen? Oder sollte man das Schicksal mit ihnen teilen? Mein Leidensgenosse Aleksandr Bergman, mit dem ich viele Jahre später über die Erinnerungen sprach, verurteilte den Beschluß seines Vaters, seine Frau und sein Kind allein zu lassen. Er war der Meinung, daß der Vater mit seiner Frau und dem jüngsten Sohn Daniel zusammen gehen mußte.

Die Erste Aktion vom 29. November 1941 endete mit der Vernichtung der Juden des Großen Ghettos. Rund 14.000 jüdische Frauen, Kinder und ältere Männer wurden im Rumbula-Wald erschossen. Dieselbe Tragödie wiederholte sich zehn Tage später, am 9. Dezember 1941. Diese zehn Tage waren für die meisten Familien eine schreckliche Zeit der Ungewißheit. Man hatte über das Schicksal der "evakuierten" Juden keine authentische Information bekommen. Demzufolge gab es in den Familien eine angespannte Lage hinsichtlich der nächsten Anordnungen der deutschen Besatzer. Man lebte mit der ungewissen Frage: "Wie geht es mit uns weiter? Werden auch wir zwangsevakuiert, oder werden wir hier weiterexistieren können?" Damals gab es eine Menge Falschinformationen über das Schicksal der "evakuierten" Juden, die angeblich in Baracken von Salaspils untergebracht wurden. Diese Informationen verbreiteten sich schnell und hatten den Namen "Agentur IWA", und das hieß auf jiddisch: "Jidden willen asoj! - Juden wollen es so!", d.h. sie hofften so!

Viele der unglücklichen Frauen und auch älteren Männer, die keine Kraft hatten, wurden an Ort und Stelle erschossen. Schon in den frühen Morgenstunden des 29. November 1941 gab es im Ghetto zahlreiche Opfer auf den Straßen und in den Innenhöfen der Häuser. Besonders aktiv und "arbeitsfroh" beim Erschießen unschuldiger Menschen am 29. November 1941 waren die lettischen "Helden" Viktor Arajs[28] und Herbert Cukurs![29]

---

[28] Viktor Arajs (1910-1988), Anführer des lettischen Erschießungskommandos ("Arajs-Kommando") und "Waffen-Sturmbannführer", wurde der Erschießung von ca. 26.000 jüdischen

Am selben Tag, als ich nach der Arbeit am Großen Ghetto vorbeigehen mußte, sah ich unzählige Blutspuren, eingefroren in Schnee und Eis. Der Schnee war nicht weiß, sondern rot. Dieser Anblick brachte mich auf den Gedanken, daß die Evakuierung des Großen Ghettos viele Opfer kostete und wahrscheinlich noch kosten würde. Ich fürchtete um das Schicksal meiner Mutter, meiner Geschwister, meiner Mitschülerinnen und Verwandten – ob sie diese Katastrophe überleben würden? Ich mußte dieses schreckliche Bild ansehen, denn von nun an existierte das Große Ghetto und ihre Einwohner nicht mehr. Nur ein kleiner Teil blieb übrig, abgeriegelt mit Stacheldraht. Ich kam ins Kleine Ghetto, wo ich in einem einstöckigen Holzhaus in der Ludzas iela eine Unterkunft fand, ebenso auch mein Vater. Dieser befand sich in einem Schockzustand und konnte mir Einzelheiten des Geschehenen gar nicht berichten.

Die meisten Häuser und Wohnungen im Kleinen Ghetto waren schon besetzt. So ging ich die Große Kalnu iela entlang und klopfte an alle Türen, um ein freies Zimmer zu finden. Das gelang mir schließlich im letzten Wohnhaus in der Kalnu iela, in einem einstöckigen Holzhaus. Da wohnten schon einige Nachbarn, darunter Vater Ginsburg mit seinem Sohn. Am selben Abend klopfte es an der Tür und siehe: es war mein Vater! Er hielt eine Tragtasche in der Hand und einen kleinen Teppich. Ich freute mich natürlich sehr über das Wiedersehen. Papa legte den Fußteppich vor seinem Bett aus und sagte: "Der Boden ist kalt, der Teppich ist nützlich!"

Es näherte sich der Tag der zweiten Aktion am 9. Dezember 1941. Das Szenario wiederholte sich, der Rest des Ghettos, also etwa 14.000 jüdische Frauen, Kinder und ältere Männer wurden unter Beteiligung der lettischen SS-Polizei an die Massengräber von Rumbula getrieben und erschossen. Wieder tauchte dasselbe Dilemma für viele Männer und Familienväter auf: Sollen wir unsere Ehefrauen und Kinder alleine gehen lassen, oder müssen wir das Schicksal unserer Lieben teilen und mit ihnen gehen? Mir ist bekannt, daß die meisten Männer ihre Arbeit nicht aufgaben und gezwungen waren, sich von Frau und Kind am Vorabend des 8. Dezember 1941 zu verabschieden mit dem Hoffnungsschimmer: "Wir werden uns wiedersehen!" Zu diesem Beschluß kamen mein Schuldirektor Janno Bergman, Herr Springenfeld und auch mein Vater

---

Menschen für schuldig befunden und erst 1979 von einem Hamburger Gericht zu einer lebenslangen Haftstrafe verurteilt.

[29] Herbert Cukurs, der "Henker von Riga", soll im Erschießungskommando Viktor Arajs ca. 30.000 jüdische Menschen erschossen haben; wurde 1985 in Montevideo erschossen.

Simon Scheinker. Eine andere Entscheidung traf – wie erwähnt - mein Cousin Miron Scheinker. Er folgte seiner Frau Sophie und seinem Baby und entschloß sich, ihr Schicksal mit den Gedanken zu teilen: "Uns kann nur der Tod von einander trennen!" Ich glaube, zu einem solchen Beschluß kamen auch viele andere junge Ehemänner.

Nach meiner Überzeugung sind diese 10 Tage vom 28. November bis zum 8. Dezember 1941 der tragische Höhepunkt der Rigaer Ghettobewohner mit dem traurigen Ergebnis der Vernichtung von 28.000 jüdischen Kindern, Frauen, und Männern.

Am 9. Dezember 1941 wurde das Große Ghetto liquidiert. Die deutsche Verwaltung gab einen Teil des Ghettos frei für die einheimische Bevölkerung. Jüdischen Männer, die als Arbeitskräfte für die deutsche Besatzung geduldet wurden, erhielten einen kleinen Teil des Ghettos, das "Kleine Ghetto". Ich wohnte im Kleinen Ghetto, weil ich eine jüdische "Arbeitskraft" war. Als ich nach der "Aktion" von meiner Arbeit zurückkam, mußte ich am liquidierten Großen Ghetto vorbeigehen, das mit Stacheldraht abgetrennt war, und ging wie betäubt ins Kleine Ghetto. Da sah ich plötzlich unter anderen jüdischen Frauen meine Mitschülerin Bella Rakusina, die mir zurief: "Alli, nimm einige Bettlaken und Bettbezüge von mir, die wirst du bestimmt brauchen!" Ich schaute sie an, sagte weder ja noch nein, und Bella reichte mir eine Packung Bettzeug durch den Stacheldraht. Hinter mir kam eine lange Reihe jüdischer Arbeiter, die von der Arbeit ins Kleine Ghetto strömte.

Bella Rakusina habe ich nie wieder getroffen. Sie und ihre liebe Schwester Mija Rakusina wurden bei der zweiten "Aktion" ermordet. Mija und Bella Rakusina wohnten vor dem Kriege mit ihren Eltern einige Zeit in einem neugebauten Haus in der Kalkstraße; ich sah, wie schnell das Haus fertiggebaut wurde: Täglich ging ich vorbei und war entzückt von der modernen Architektur des Hauses. Ich traf mich morgens auf dem Wege zur Schule recht oft mit Bella, und wir gingen gemeinsam, da ich in der Nähe in der Großen Neustraße wohnte. In den unteren Geschäftsräumen des Hauses mit großen Schaufenstern befand sich das Bettwäschen- und Weißwarengeschäft ihres Vaters. Es ist eine Ironie des Lebens dieser tragischen Zeit, daß Bella auf ihrem Arm einen Rest der Waren ihres Vaters hielt und mir Bettwäsche durch den Stacheldraht anbot! Diese Situation hatte ich mir vorher niemals vorstellen können. Bella hatte das Bedürfnis, etwas Gutes zu tun, um jemandem in dieser tragischen Zeit zu helfen. So blieb sie bis heute in meinem Gedächtnis. Wie gesagt, ich habe sie nie mehr gesehen.

Eine seltsame und unverständliche Begebenheit ereignete sich am Tage der zweiten großen Vernichtungsaktion in Rumbula am 9. Dezember 1941. Früh morgens mußte sich die jüdische Bevölkerung des zweiten Teils des Großen Ghettos in Kolonnen aufstellen, um den Todesmarsch - ein Weg von etwa 12 km zu Fuß durch Schnee und Eis mit kleinen Kindern auf den Arm - der Großen Moskauer Straße entlang zu gehen. In der Kolonne waren überwiegend Frauen, Kinder und ältere Männer mit Ausnahme der jüdischen Männer, die ihre Frauen und Kinder auf keinen Fall im Stich lassen wollten. Darunter war - wie erwähnt – auch mein Cousin Miron Scheinker mit seiner jungen Frau Sophie und ihrem Baby. - Genau zur selben Zeit traf im Rigaer Güterbahnhof Skirotava ein großer Transport jüdischer Menschen aus Deutschland ein. Diese "Reichsjuden" wurden selektiert, teilweise am selben Tag erschossen, teilweise ins KZ Salaspils (rund 15 km von Riga entfernt) eingeliefert. Der größte Teil dieses Transports kam in das soeben aufgelöste Große Ghetto. Die "Reichsjuden" kamen in die Wohnungen der lettischen Juden, wo auf den Tischen noch warme Speisen standen. Unter den "Reichsjuden" gab es ganze Familien: Vater, Mutter, Kinder, manchmal Großeltern. Dieser Sachverhalt ist schwer verständlich: Warum wurden die "Reichsjuden" verschont, wenn auch zeitweilig, während die lettischen Juden versichtet wurden?

Ich lebte mit meinem Vater in der Kalnu iela nur einige Wochen zusammen. An einem Dienstag, als ich von der Arbeit zurückkam, erzählten mir die Nachbarn, daß mein Vater zusammen mit etwa 200 älteren Männern mit den bekannten blauen "Sauer"-Stadtautobussen abgeholt wurde und keiner mehr zurückkam. Ich habe meinen Vater niemals mehr gesehen, ich nehme an, die 200 älteren Männer und mein Vater wurden im Bikernieki-Wald bei Riga erschossen. Papa war am 24. August 1941 60 Jahre alt geworden. Unter den schweren Bedingungen der Besatzung gab es damals leider keine Geburtstagsfeier. An das genaue Datum dieser "Aktion" kann ich mich nicht erinnern. Ich glaube, es war ein Dienstag Ende Dezember 1941.

Die großen Vernichtungsaktionen wurden in Riga zwischen November und Dezember 1941 durchgeführt, bei denen der größte Teil der Ghettoeinwohner ermordet wurde, darunter meine Mutter und meine Schwestern, Verwandte, Freunde, ehemalige Mitschülerinnen und Mitschüler. Trotzdem gab es in den Jahren 1942 bis 1944 immer wieder zusätzliche kleinere "Aktionen", d.h. Erschießungen. Wir Juden wußten, daß unser Leben dauernd bedroht war und bedroht sein wird, solange die Nazi-Herrschaft existierte. In der ersten Zeit der Terrorherrschaft wurden die Ziele des Nationalsozialismus nicht offen ausgesprochen: die totale Vernichtung der niedrigen "jüdischen Rasse". Nach einiger Zeit brauchte man keine öffentliche Erklärung mehr über das Vorhaben der deutschen Okkupanten, die Ghettobewohner zweifelten nicht mehr an der sogenannten "Endlösung der Judenfrage". Der Zynismus der Übermenschen, also der SS-Elite, kannte keine Grenzen mehr. Dazu folgendes Beispiel: Als der gefürchtete Oberscharführer, der "Eiserne Gustav", eine Baracken-Untersuchung durchführte, befahl er, alle möglichen persönlichen Dokumente, Fotografien, Briefe abzugeben, und zwar mit der höhnischen Bemerkung: "Das braucht ihr nicht mehr, ihr werdet sowieso alle erschossen!"

Meine Freundschaft mit Shevah Berman dauerte während der ganzen BdO-Arbeitsperiode, also von Oktober 1941 bis Januar 1942, wo wir täglich in Kontakt waren, und zwar im Großen Ghetto wie auch nach den großen "Aktionen" der Vernichtung der Ghettoeinwohner Ende November 1941. Die arbeitsfähigen jüdischen Männer wurden in Arbeitskommandos eingeteilt und bekamen eine Frist für ein zeitweiliges Leben als Arbeitssklaven. Shevah Berman und ich überlebten diese Periode. Im Frühjahr 1944 türmte Shevah aus dem Lager "Lenta" jenseits der Düna (Daugava). Er verstand, sich als Flüchtling aus Petersburg zu tarnen und überlebte zirka sechs Monate mit falschen Papieren sowie den Tag der Befreiung Rigas durch die Sowjetarmee am 13. Oktober 1944. Ende der 1950er Jahre traf ich ihn in Riga. Wir umarmten uns und trauten unseren Augen nicht: "Bist du Ally?" – "Bist du Shevah?" Damals erfuhr ich, daß Shevah in einer Radiowerkstatt in der Gorkijstraße tätig war. Er hatte eine Wohnung in der Wallstraße, im Hause Leibowitsch (der damaligen Radiofirma). Von allen meinen Leidensgenossen, die zwischen 1941 und 1942 im Kommando BdO waren und den Holocaust überlebten, war ich mit Shewah (Sawely, Sascha) Berman jahrelang besonders gut befreundet. Das Arbeitskommando BdO überlebten folgende Personen: Peter und Steven (Israel) Springenfeld (Springfield), die Brüder Michael (Mika) und Alexander (Sascha) Bergman, Shewah Berman und ich, Ally (Arkadij) Scheinker.

Arbeit für die deutsche Ordnungspolizei in Kaiserwald im Januar 1942

Nachdem ich einige Zeit im BdO-Kommando gearbeitet hatte, erhielt ich im Januar 1942 den Befehl, für die Ordnungspolizei in Kaiserwald zu arbeiten.[30] Es war eine vorübergehende Arbeit, bei General Jedike den Ofen zu heizen. Der General wohnte in einer Villa in der Stockholmer Straße. Ich hatte einen jungen Kameraden und Gehilfen namens Monja Gassel, 15 oder 16 Jahre jung, vor dem Krieg wohnte er in der Dorpater Straße in Riga. Er war der Cousin meines Mitschülers Asriel Kupsik. Außerdem war er verwandt mit dem Opern-Tenorsänger Leonid Sahodnik, der meine Cousine Herta Gottlieb geheiratet hatte. Monja war ein gescheiter Bursche und ein begeisterter junger Zionist der Organisation "Betar".[31] Seine lebhaften Erzählungen über seine aktive Tätigkeit in dieser Organisation waren für mich damals eine interessante Lektion. Monja Gassel war von Natur aus lebensfroh und gesprächig, hatte immer neue Ideen im Kopf und war ein Optimist. General Jedike (?) hatte einen Adjutanten, einen Oberwachtmeister - einen "germanisierten" Ukrainer, der seine Muttersprache und Russisch beherrschte. Wenn er Schnaps getrunken hatte, begann er Russisch zu sprechen. Im März 1942 sah ich einmal, wie er eine Blume pflückte und russisch sagte "Landyschi" (Maiglöckchen), als ob er sich an seine Kindheit erinnerte.

Es war Winter, eines Tages rief er Monja, gab ihm eine Schaufel und befahl ihm, im Garten eine Grube zu graben. Monja war erstaunt und aufgeregt. Als die Grube genug tief war, befahl er Monja am Rande zu stehen. Er zog seine Pistole und schoß in die Luft. Monja wurde leichenblaß und dachte, daß sein Ende gekommen sei. Nach dem Schuß lachte der Adjutant über seinen Streich und sagte: "Diesmal hast du Glück, denn ich muß nur den kranken Hund des Generals erschießen!", und das tat er dann auch. Mit leichenblassem Gesicht kam Monja zu mir und erzählte stotternd, was soeben geschehen war. Ich konnte seinen Zustand gut verstehen und hatte Mitleid mit ihm.

Es war Winter und kalt, trotzdem mußten wir den Garten von trockenem Laub säubern. Als ich am Zaun stand, fiel plötzlich ein kleines Packet vor meine Füße. Eine Frau ging vorüber und sagte kurz: "Das ist für Sie, ich habe Angst, mit Ihnen zu sprechen!" Und ging vorbei. Ich öffnete das Packet, fand

---

[30] Das KZ Kaiserwald wurde erst im März 1943 eingerichtet; siehe Seite 12, Fußnote 8.

[31] "Betar / Beitar" – Brith (Bund) Josef Trumpeldor", zionistische Jugendorganisation, 1923 durch Zeev Jabotinsky in Riga gegründet; ehemalige Mitglieder waren z.B. Menachem Begin und Jitzchak Schamir.

belegte Brötchen und ein Stück Brot mit Butter. Monja und ich waren sehr erfreut über dieses Geschenk. Ich bemühte mich nun, öfter um dieselbe Zeit am selben Ort zu sein, und siehe da, diese liebe Frau kam wieder und warf immer wieder ein Päckchen über den Zaun. Dies Treffen wiederholten sich, und eines Tages sagte sie, daß sie in der Nähe in der Stockholmerstraße wohne, im Hause gegenüber im zweiten Stock. Unsere Kontakte wiederholen sich regelmäßig, und eines Tages wartete sie auf mich in ihrer Wohnung. Sie gab mir eine warme Malzeit und fragte, wie sie mir helfen könne. Ich hatte eine Bitte und sagte ihr, daß ich einige Kleidungstücke von Zuhause besaß, die ich ihr zur Aufbewahrung überlassen möchte. Sie war einverstanden. Und so brachte ich kurz darauf einen hellen Sommeranzug meines Bruders Benno, seine neuen Schuhe und eine Handarbeit meiner Schwester Rachel (eine Schürze), die sie vor einigen Jahren meiner Mutter als Geburtstagsgeschenk gemacht hatte und die sich zufällig in meinem Gepäck befand. Diese Frau, die alles entgegennahm, versprach, alle diese Dinge aufzubewahren. Und tatsächlich, als ich nach dem Kriege nach Riga zurückkehrte, besuchte ich diese seltsame Frau in der Stockholmerstraße. Bei diesem Besuch erfuhr ich von ihren Familienangehörigen, daß die hilfsbereite, liebe Frau (an deren Namen ich mich leider heute nicht mehr erinnere) nach Amerika ausgewandert sei. Die Gegenstände, die ich ihr überlassen hatte, waren jedoch über die vielen Jahre aufbewahrt worden. Ich glaube, es war ihr Bruder, der mich damals empfing und von seiner Schwester über die hinterlassenen Gegenstände informiert worden war. So erhielt ich den Sommeranzug meines Bruders, seine neuen Schuhe und das Geburtstaggeschenk zurück. Ich war darüber total erstaunt und wollte unbedingt erfahren, wann diese Frau aus Amerika vielleicht wieder nach Riga kommen würde, um ihr meine Dankbarkeit auszudrücken.

In Kaiserwald gab es ein Waffendepot, wo Waffenmeister Gewehre und Pistolen reparierten. Eigentlich sollten mein Kamerad Monja Gassel und ich dort Garten- und Stallarbeit übernehmen sowie für Ofenholz die Ofenheizung des Generals sorgen. Nun kam es aber sehr oft vor, daß wir ganze Waffenladungen aus den Lkws laden und in die Kellerräume tragen mußten. Die Arbeit war schwer, und zu essen gab es wenig, oft hungerten wir. Die Polizisten erhielten am Nachmittag meist eine nahrhafte Milchsuppe, welche die meisten aber nicht aßen und deshalb recht oft riefen: "Moritz, komm und friß eine Milchsuppe!" Diese war oft unser einziges warmes Essen und schmeckte uns sehr. Nach einiger Zeit sahen wir mit Kummer, daß die Polizisten diese gute Milchsuppe ins Gebüsch schütteten. Als uns dann einmal ein Polizist eine

Milchsuppe geben wollte, wurde er aufgefordert, die Suppe wegzugießen, da "die Juden ihre eigene ausreichende Verpflegung haben" und nichts zusätzlich brauchten! Ob es ein offizielles Verbot gab, Juden Milchsuppe zu geben, ist mir nicht bekannt. Vielmehr glaube ich, daß in den Wintertagen des Jahres 1942 wegen der schweren Kämpfe und der Niederlage in Stalingrad unter den Wehrmachtsoldaten und Polizisten eine starke Verunsicherung herrschte.

Dazu möchte ich folgende Geschichte erzählen: Es mag im Januar 1942 gewesen sein, als ich mit einem Polizisten der BdO ein Stück des Weges zusammengehen mußte. Es war sonst niemand dabei, der Wachtmeister kam mit mir ins Gespräch, und zwar über die prekäre Lage bei Stalingrad. Die Kämpfe dauerten wochenlang und wollten nicht enden. Wer wird wen bezwingen? Da sagte der Wachtmeister: "Die Kämpfe mögen noch lange andauern, aber letzten Endes wird die Wehrmacht doch siegreich sein!" Damals hatte ich ab und zu Zeitungsreste gelesen und bemühte mich, alles zu tun, um Frontinformationen zu erhalten. Es war für mich und für uns Juden von größter Bedeutung, etwas über die Lage an der Front zu erfahren.

Noch eine andere Begebenheit ereignete sich seinerzeit: Ein Wachtmeister vertraute mir ein Stück Fleisch und Fett in der Bratpfanne an, mit dem Befehl: "Dieses Fleisch brätst du für mich und meine Freundin zum Abendessen!" Eigentlich hatte ich kaum irgendwelche Küchenerfahrungen, aber trotzdem mußte ich diesen Befehl unbedingt gut ausführen. So legte ich das Stück Fleisch in die Pfanne, schnitt eine Menge Zwiebeln dazu und schmorte alles auf einem kleinen Feuer recht lange. Nach meiner Vorstellung hatte ich das Fleisch zu lange auf dem Feuer gehalten, da sich eine harte Kruste bildete. Der Wachtmeister sollte das Essen heiß von der Pfanne erhalten, so daß ich gezwungen war, es immer noch länger auf dem Feuer zu halten. Endlich kam der Wachtmeister und befahl, das Fleisch auf den Teller zu legen. Ich war sehr besorgt und erwartete eine Rüge. Um so größer war die Überraschung, daß ich ein Lob erhielt: "Das hast du gut gemacht, nächstens machst du mir das wieder!" Es gab auch unter den Polizisten und Soldaten "normale" Menschen, die von NS-Rassenpolitik anscheinend wenig beeinflußt waren. Nach einigen Tagen sah er mich wieder in der Küche, ich glaube, er war etwas angeheitert, aber nicht betrunken, und sagte wörtlich zu mir: "Wozu trägst du den gelben Stern? Du bist doch kein Jude!" Was er damit gemeint hatte, weiß ich bis heute nicht. Ob ich diese Bemerkung zu meiner Rettung hätte nutzen können, bezweifle ich sehr. Damals im Winter 1942 habe ich nicht darüber nachgedacht.

Die Situation, in der ich mich im Winter 1942 mit meinem Kameraden Monja Gassel bei General Jedicke[32] befand, war eigenartig. Wir hatten ein kleines Zimmerchen, einen Ofen, aber keine reguläre Verpflegung und mußten uns auf eigene Faust durchschlagen. Das war eine Lage, die sich zwei bis drei Monate hinzog. Es mag wohl einzigartig sein, aber im Jahre 1942 war noch vieles möglich. Wir waren "vogelfrei", und eigentlich hatten Monja und ich die Möglichkeit, uns aus der Misere der Gefangenschaft zu befreien, indem wir mit in alle Himmelsrichtungen davonlaufen konnten. Ich hatte das "Glück", nicht "typisch jüdisch" auszusehen und wäre auch keinem Antisemiten aufgefallen. Die große Frage war aber - wohin? Zu wem? Ohne Dokumente, Ausweis und Papiere! Eine positive Änderung der Situation war 1942/43 nicht in Sicht. Ich hatte damals darüber nachgedacht und hatte auch einige konkrete Pläne "unterzutauchen". Diese Idee wäre 1944 aktuell gewesen, aber nicht jetzt. Das Risiko des Unterzutauchens war sehr groß, denn die täglichen Militärkontrollen auf der Suche nach Deserteuren und Kriegsverweigerern unter der Bevölkerung hatte stark zugenommen.

Am 20. Januar 1942 fand in Berlin die Wannseekonferenz, auf der der die "Endlösung" besiegelt wurde, die totalen Vernichtung der jüdischen Bevölkerung in Europa. Doch 1942 hatte sich die politische und militärische Lage Nazi-Deutschlands schon wesentlich verschlechtert. Die großen Niederlagen von Stalingrad[33] und Kursk[34] zeigten der ganzen Welt, daß Hitler-Deutschland keine Aussicht mehr auf einen Sieg hatte. Am 6. Juni 1944 landeten die alliierten Streitkräfte in der Normandie. Die letzte Periode des Zweiten Weltkriegs und die Vernichtung Nazi-Deutschlands waren in vollem Gange. Der von Propagandaminister Joseph Goebbels ausgerufene "totale Krieg" bedeutete nichts anderes als das erzwungene Eingeständnis des Anfangs vom Ende der NS-Herrschaft in Europa.

Meine Arbeit im Kommando TWL Riga-Mühlgraben ab Sommer 1942

Im Sommer 1942 begann meine Arbeit im "Kommando TWL" ("Truppen-Wirtschaftslager der Waffen-SS") in Riga-Mühlgraben. Das Truppen-Wirt-

[32] Georg Jedicke (geb. 1887), SS-Gruppenführer und Generalmajor der Polizei.

[33] Ende der Kämpfe in Stalingrad am 2. Februar 1943.

[34] Nördlich von Charkov/Charkiv, Mitte Juli 1943.

schaftslager der Waffen-SS befand sich auf einem Areal, das mit Speichern umgeben war. In diesen Speichern wurden Lebensmittel aller Art aufbewahrt: Mehl, Zucker, Haferflocken, Gries, Fleischkonserven, Gemüsekonserven, Kunsthonig usw. Besonders erinnere ich mich an Mineralwasser "Apollinaris" in dunklen 33 dl Flaschen. Es war Sommerzeit, und es wurde viel Mineralwasser gebraucht. Periodisch kamen Güterwaggons mit Apollinaris und Lebensmitteln, die schnell ausgeladen werden mußten. Diese Arbeit verrichteten Juden aus dem Ghetto, ich gehörte zu dieser Arbeitsbrigade, und wir waren ein oder zwei Tage beim Ausladen tätig. Wir trugen 100-kg-Zuckersäcke in den Speichern, Mehlsäcke und andere Lebensmittel in Säcken von 50-100 kg, und zwar den ganzen Tag lang. Dazu brauchte man physische Kraft, aber auch eine bestimmte Gewandtheit und Körperhaltung, um die Last gleichmäßig auf den Schultern zu verteilen. Allmählich eignete ich mir die nötige Übung an, so daß ich auch nach der stundenlangen Schwerarbeit noch auf den Beinen blieb. Die schwerste Arbeit war das Ausladen der Holzkisten mit den Apollinaris-Flaschen. Die schweren Holzkisten drückten unheimlich auf den Schulter und als Resultat davon hatten wir Blasen oder Wunden am Nacken. Deswegen versuchten wir den Druck zu mildern, indem wir einen Sack auf die Schulter legten und darauf die Holzkiste.

Als ich im Sommer 1942 als Zwangsarbeiter im Verpflegungslager der Waffen-SS TWL arbeitete, wo sich Lebensmittel in Regalen und auf dem Boden stapelten, war mein erster Gedanke: "Wie könnte ich etwas gegen meinen Hunger unternehmen?" Mit diesem Gedanken waren auch meine Leidensgenossen und Kameraden konfrontiert, die nicht nur aus Riga und Lettland, sondern auch aus der Tschechoslowakei, aus Österreich und Deutschland gekommen waren. Alle litten Hunger und waren gezwungen, den Hunger zu stillen und für das nackte Überleben zu sorgen. Wir befanden uns in einem Zustand, in dem wir gemeinsam etwas unternehmen mußten, um den Hunger zu bekämpfen. Wir waren solidarisch und versuchten, je nach Situation am Arbeitsplatz für den Magen zu sorgen. So z.B. als wir beim Umstapeln der Haferflokkensäcke waren, erfanden wird "Haferflocken mit Zucker".

Seinerzeit entstand bei uns Zwangsarbeitern ein neuer Begriff, nämlich "organisieren", d.h. klauen, stehlen. Das Naziregime hat uns zuerst total beraubt und gänzlich enteignet. Was uns noch blieb, war das nackte Leben, und auch das war täglich bedroht. Unsere Aufgabe war, das nackte Leben zu erhalten, und dabei kamen wir mit dem biblischen Gebot und mit unserer früheren Erziehung in Konflikt, denn es heißt ja: "Du sollst nicht stehlen!" Wir hatten jedoch keine andere Möglichkeit zu überleben als unseren Feind zu bestehlen.

Nicht jeder von uns war dazu "talentiert", und nicht jeder war geschickt, schnell und risikobereit genug. Ich schaute zu und lernte von meinen Kameraden, wie man "klauen" muß, und allmählich gehörte auch ich zu den Flinken. Man riskierte eine schwere Strafe: 25 Hiebe mit einem Stock auf den nackten Hintern in Anwesenheit der ganzen Häftlingsgemeinschaft. So ging es mit unserem Honon Salkinder aus Riga, und so war es mit Isja Springenfeld und vielen anderen, die ertappt und gefaßt wurden. Zwei gute Jahre hatte ich Glück, denn ich war zurückhaltend im "Klauen" und begnügte mich mit dem wenigen, das ich zu essen hatte.

Honon Salkinder arbeitete im Verpflegungsspeicher bei Oberscharführer Klenz im TWL, wo auch ich meistens eingesetzt war. Wir alle waren mit verschiedenen Lebensmitteln konfrontiert, es gab z.B. Päckchen von Kunsthonig, Marmelade, Haferflocken, Zucker, Mehlsäcke zu je 100 kg, Butter, Mineralwasser usw. Für uns Zwangsarbeiter, die offiziell nur eine spärliche Ernährung erhielten, waren diese Lebensmittel eine offene Provokation, denn wir waren alle unterernährt und mußten schwere physische Arbeit verrichten. Wir waren also gezwungen, zusätzlich Nahrung zu "organisieren", d.h. zu stehlen, um zu existieren. Mehlsäcke oder Haferflockensäcke wurden periodisch umgestapelt, das forderte ein Lagerungsgesetz. Daran beteiligten sich etwa vier bis acht Zwangsarbeiter. Bei dieser Arbeit sammelten wir in einer Tüte eine Mischung: Haferflocken und Zucker. Wir durften uns nicht erwischen lassen, sonst wurde man mit 25 Hieben über den nackten Hintern bestraft. Oberscharführer Klenz und seine Gehilfen kamen oft und kontrollierten unsere Arbeit. Es durfte keine Anzeichen geben, daß wir Haferflocken mit Zucker geheim hinter den Gestapelten Säcken aßen. Mir schien dieses Essen damals als Lekkerbissen! Honon Salkinder wurde einmal bei der Kontrolle nach der Arbeit geschnappt, weil er ein Päckchen Marmelade in die Baracke mitgenommen hatte. Er wurde bestraft, und zwar öffentlich: Das ganze Lager mußte antreten und zusehen, wie er die Strafe erleiden mußte. Die Hosen wurden herunterlassen, er mußte über einen Stuhl liegen, während zwei SS-Leute mit einem Knüppel in voller Wucht auf ihn einschlugen. Honon mußte dabei die Schläger laut zählen und zwar bis 25 Hiebe. Danach konnte er sich kaum bewegen und lange nicht auf einem Stuhl sitzen. Selbstverständlich ermunterte diese unmenschliche Strafe seinen Beschluß zu flüchten, sobald er dazu die nötigen Vorbereitungen getroffen hatte. Ihm ist damals die Flucht gelungen, und er wurde nicht geschnappt, wie Fricke behauptet hatte.

Hier möchte ich über das Schicksal meines Kameraden berichten, das in David Silbermans Erzählung "Salozhniki" (russisch, "Die Geisel") in seinem Buch *I ty eto videl* (*Und du hast das gesehen*) beschrieben wird.

Im Mai 1944 türmte – wie erwähnt - mein Leidensgenosse Honon Salkinder, der mit mir im Verpflegungsspeicher des TWL Mühlgraben arbeitete. Es galt bei den Nazis folgende Regel: Wenn ein Jude aus dem Lager flüchtet, so müssen an seiner Stelle 10 Juden mit ihrem Leben bezahlen. Ich hatte Glück, daß ich zu dieser Zeit in der Filiale TWL-Paplaka bei Libau arbeitete. Die Tragödie der Geiselnahme spielte sich folgendermaßen ab: Oberfeldwebel Fricke (in diesem Fall der Oberscharführer im TWL), ein Sadist, hatte den Befehl bekommen, neun Geiseln auszusuchen. Um 8 Uhr morgens mußten sich 120 Sklavenarbeiter des TWL vor dem Speicher aufstellen. Oberscharführer Fricke erklärte kurz: "Euer Kamerad Salkinder ist von seiner Arbeitstelle geflüchtet. Er wurde geschnappt und erschossen. Für diese Frechheit nehme ich zur Strafe neun Geiseln, die mit ihrem Leben bezahlen müssen!" Alle 120 Juden, die vor Oberscharführer Fricke in Reih und Glied aufgestellt waren, fühlten Todesangst, denn jeden konnte das Schicksal treffen. Diese traurige Geschichte erzählte mir auch Savel Kaplan, ein kräftiger und stets guter Kamerad. Als Oberscharführer Fricke vor Savel Kaplan stand, machte er mit dem Finger eine Bewegung und sagte ironisch: "Raus, mein Freund! Ich will dich gut einordnen!" Savel verstand, daß seine letzte Stunde geschlagen hatte, reagierte sehr gelassen und dachte: Jeden von uns trifft der Tod einen Tag früher oder später, heute bin ich an der Reihe! Als alle neun Geiseln von Fricke ausgewählt waren, mußten die anderen schnell zu ihrer Arbeit laufen.

Nun wollte sich der SS-Kommandeur des TWL Mühlgraben, Obersturmbannführer Seidel, der in einer separaten Villa wohnte, die Geisel anschauen. Es spielte sich eine interessante Szene ab: Seidel ging langsam auf die Geisel zu, betrachtete sie aufmerksam und nach wenigen Sekunden wandte er sich zu Fricke mit der Frage: "Und diesen jungen Arbeiter möchten Sie vernichten?" Der Fricke antwortete schroff: "Diese Juden sind faul und schwach!" Seidel war ein erfahrener, vernünftiger Mann, auch wenn er zur SS gehörte.

Es war das Jahr 1944, und das ist wichtig. Die Front bewegte sich täglich in Richtung Westen. Die Zeit der Arbeitssklaven war eigentlich schon vorbei. Die Rote Armee stand in Estland. und in nächster Nähe an den Grenzen im Norden und Osten Lettlands. Man brauchte jede Arbeitskraft, wenn auch die Vernichtung der Juden noch in vollem Gange war. Als Obersturmbannführer hatte Seidel die Verantwortung für die Existenz des TWL. Estland samt Tallinn wurden schon teilweise evakuiert, und die große Masse der schweren

Waffen und der Munition kamen über Lettland und Riga nach Kurland. Seidel verstand, daß auch diese 20 kräftige Hände für die baldige Evakuierung der großen Mengen von Verpflegung gebraucht würden. Der Antisemit Fricke sah das nicht und war in seinem Denken und Handeln beschränkt. Außer schießen hatte er keine großen Leistungen zu bieten. Zwei SS-Leute ganz verschiedener Anschauungen gerieten in Konflikt. Obersturmbannführer Seidel zweifelte öffentlich am Urteil Frickes, die Geiseln seien faul und schwach.

Er wollte seine Einschätzung überprüfen, wandte sich plötzlich an Savel Kaplan und fragte: "Wieviel Kilo kannst du tragen?" Savel antwortete: "Ich trage 200 Kilo!" Eigentlich wären auch 100 Kilo genug gewesen, um eine Kraft zu beweisen. Als Fricke Kaplan hörte, sagte er: "Er lügt!" Seidel aber sagte nur: "Aufladen!" Nun erhielt Savel Kaplan zwei Säcke à 100 kg auf seinen Rücken geladen. Es ging um Leben oder Tod, nicht nur für Kaplan. Er verstand seine Aufgabe in dieser Situation und mußte beweisen, daß der verhaßte Fricke als Antisemit unrecht und der Obersturmbannführer rechthatte. Das gab ihm Kraft, und er siegte! Fricke sah nun jämmerlich aus. Hier kamen Vernunft, die Kriegssituation, die Not der Arbeitskräfte zum Vorschein, und diese Faktoren siegten über die dunklen Kräften des blinden Hasses und der Judenvernichtung.

Die Einzelheiten dieses Vorfalles in TWL im Mai 1944, die David Silberman in seinem Buch beschrieben hat, stammten von Savel Kaplan persönlich, der den Holocaust überlebt hat und viele Jahre als Zuschneider einer Schuhwerkstatt in Riga arbeitete.

Was unsere Arbeit im TWL Riga-Mühlgraben betrifft, so gab es manchmal auch weniger Schwerstarbeit, z.B. im Kartoffelkeller beim Kartoffelsortieren. Die SS-Aufseher, die über uns standen, waren recht verschieden. Einige waren sozusagen "gutmütig" und ließen uns ohne Schikane und böse Worte unsere Arbeit verrichten. Es gab aber auch andere, besonders niedere Ränge, die sehr brutal über uns herfielen. Bei der oder jener Gelegenheit: schrieen sie auf deutsch: "Ich hau dir in den Arsch, daß du Lumpen kotzt!" Solche und ähnliche Ausdrücke waren "Bereicherungen" meiner deutschen Sprachkenntnisse jener Zeit. Einige Namen der SS-Männer blieben bis heute in meinem Gedächtnis, so der des hochgewachsenen Oberscharführers aus Hamburg, Klenz, den wir mit Spitznamen "Motonos" nannten; seine Gehilfen, die Oberscharführer, hießen Letz, Schenz und Seidler (mit dem Spitznamen "die kleine Bobe"), der Chef des TWL-Mühlgraben hieß Seidler, Spitznamen "die große Bobe".

Im Kartoffelkeller gab es den Aufseher und SS-Mann Gnedler, ein Baltendeutscher, der auch lettisch sprach. Seine Lieblingsaussprüche gegenüber den Zwangsarbeitern waren: "Passen Sie gewaltig auf!" – "Stehen Sie nicht wie ein Leichenkutscher hier!" Seine Bewegungen waren immer dieselben: Er hielt seine Hände auf dem Rücken und marschierte im Kartoffelkeller erhobenen Hauptes hin und her. Lettisch sprach er selten und in sehr gedämpften Ton. Ich hatte die Überzeugung, daß SS-Mann Gnedler selbst Probleme hatte, sich in der Umgebung der reichsdeutschen SS-Genossen wohl zu fühlen. Er sprach baltendeutsch, aber sehr begrenzt. - Besonders im Gedächtnis blieb mir auch Oberscharführer Weiss, der für die Speicherung der Konserven und auch für den Kartoffelkeller zuständig war. Oberscharführer Weiss teilte zu Arbeitsbeginn die Arbeit ein und ließ uns die Arbeit selbstständig verrichten, ohne Antreiben oder irgendwelche Schikanen. Er saß meistens an seinem Schreibtisch, in schriftliche Arbeiten vertieft und schaute nur ab und zu auf die arbeitenden Juden. Die Bitte: "Darf ich austreten?", bewilligte er ohne weiteres.

Unter den schweren Umständen der Sklavenarbeit in TWL Mühlgraben bemühten wir uns nach besten Kräften, lustige Veranstaltungen und "Konzerte" zu organisieren. In dieser Zeit der Unfreiheit und nach der schweren Arbeit gab es eine Gruppe, die aktiv für Unterhaltung sorgte. Es traten unsere Kollegen auf, die in normalen Zeiten gerne sangen, tanzten, deklamierten. So kam es, meistens samstags oder sonntags zu "Hauskonzerten" unserer vorhandenen Talente. Zu diesen Talenten zählte eben auch Kasriel Zwickler. Ich erinnere mich an ein solches Konzert, wo Kasriel komische Verse sang: "In tiefsten Waldes Gründen ist kein Räuberchen mehr zu finden ..." Zufällig kam ein SS-Mann in die Baracke und hörte das lustige Lied von Kasriel. Der SS-Mann hörte aufmerksam zu, war von diesem Auftritt ganz begeistert und lachte herzlich mit. In diesem kurzen Augenblick verschwanden die Grenzen zwischen Herr und Sklave. Heiterkeit kam auf durch den Auftritt des Juden Kasriel. Er war nicht nur künstlerisch begabt, sondern auch ein ausgezeichneter Schwerstarbeiter mit einer enormen physischen Kraft. Ungeachtet dessen wurde er bei der Selektion im September 1944 zu den "Unbrauchbaren" eingestuft. Er mußte mit anderen "unbrauchbaren" Häftlingen das tragische Schicksal teilen und wurde erschossen.

Leben im KZ Kaiserwald und Arbeit in Riga Mühlgraben ab März 1943

Eine Zeitlang wurde meine TWL Arbeitskolonne früh morgens vom Kleinen Ghetto abgeholt und mit einem Lkw zur Arbeitstelle TWL-Mühlgraben. und nach der Arbeit wieder ins Ghetto gebracht. Diese Fahrten nahmen bald ein Ende, als nämlich die SS-Führung (im März 1943) mitten im Wald, unweit eines vornehmen Wohngebietes in Kaiserwald am schönen Kischesers-See in der Nähe von Riga, ein geschlossenes und mit Stacheldraht abgesondertes Arbeitslager mit Baracken errichtete.[35] Das Arbeitslager bestand aus einem großen quadratischen Barackenkomplex, in Frauen- und Männerbaracken unterteilt; es gab ein sogenanntes "Krankenzimmer", ein Zimmer für den Judenältesten, einige Räume für Lebensmitteln und Kleidung, einen Waschraum und einen WC-Raum. In den Baracken gab es zweistöckige Betten mit Strohsäcken. Der Arbeitstag hatte einen bestimmten Ablauf, er begann recht früh, ich glaube, ½6 oder 6 Uhr, indem er die Barackenbewohner zum Aufstehen aufforderte.

Unser erster Lagerältester war der Wiener Jude Dr. Auerbach, ein Arzt. Ich erinnere mich auch an meine Kollegen, die unmittelbar mit mir zusammenarbeiteten und in derselben Baracke wohnten: Robinson aus Dünaburg (Dvinsk, Daugavpils), Vater und Sohn Yatzkan aus dem Gebiet Latgalen, Nathan, Max Berger aus Duisburg, Hans Levi aus Hannover, der Automechaniker De Fries aus Gelsenkirchen, der Jurist Kobler und seine Frau aus Wien sowie einige Juden aus Litauen.

Jüdische Polizei gab es vom ersten Tag an, seit der Errichtung des Rigaer Ghettos, um "innere Ordnung" zu gewährleisten. Diese Einheiten hatten eine schwierige Lage zu meistern: Auf der einen Seite sollten sie SS-Gehilfen der Unterdrückung der Juden sein, auf der anderen Seite waren sie Juden genau wie alle anderen, wenn auch ein bißchen besser situiert. Sie sollten nach den besten Kräften ihre eigenen Brüder nicht unnütz unterdrücken und bestrafen, mußten zugleich aber die Unterdrückungspolitik der deutschen Herrschaft mitmachen. So gab es später in den Arbeitslagern und KZs immer wieder "Oberjuden", Kapos, die für "Ordnung und Sauberkeit" sorgen mußten. Ich kann hier einige Namen nennen, die 1943-1945 entweder als "Oberjuden" oder

---

[35] Siehe Seite 12, Fußnote 8; das KZ Kaiserwald wurde als Stammlager und Schaltzentrale errichtet, der alle Nebenlager unterstellt waren; das Lager wurde ab Anfang August evakuiert, bis September 1944 waren die Häftlinge nach Stutthof verlegt, am 13.10.1044 wurde das Lager von der Roten Armee befreit; siehe Eberhard Jäckel et al. (Hg.), Enzyklopädie des Holocaust. Band II, München 1995, S. 728f.

als deren Gehilfen tätig waren. Zuerst muß ich den Judenältesten Dr. Auerbach aus Wien nennen, der einige Zeit "Oberjude" im Arbeitslager TWL Mühlgraben war. Ihm folgte der Rigaer Kagan, der früher als Kaufmann in Riga tätig und ein Hobbyringkämpfer war. Er hatte enorme Kraft, und wenn man von ihm eine Ohrfeige erhielt, so blieb die Wange einige Tage lang entzündet. Man fürchtete seine physische Kraft. Trotzdem versuchte er nach besten Möglichkeiten, die allgemeine Verpflegungslage für alle Sklavenarbeiter zu verbessern. Zu seiner Zeit gab es im Lager TWL Mühlgraben Ordnung und Disziplin.

Der Stubenälteste der Baracke war Herr Wald, ein energischer Mensch. Seine Aufgabe war, die Baracke in Ordnung zu halten, die Arbeiter am Morgen pünktlich aus den Betten zu holen, sie mit "Kaffee-Ersatz" und einem Stück Brot mit Marmelade für den Marsch zur Arbeit vorzubereiten. Seine Kommandos waren immer kurz und verständlich: "Aufstehen" - "Anziehen!" - "Kaffee holen!" - "Betten machen!" - "Rasieren!" - usw. Auch Herr Wald war morgens immer frisch rasiert. Sein Motto: "Schnell gesagt und schnell getan!" Sein Lieblingsausdruck lautete: "Meine Bobes dajges!", was heißen sollte: "Was ich nicht weiß, macht mich nicht heiß!" Das war die richtige Einstellung gegenüber den Zwangsarbeitern. Da gab es keine Diskussionen, denn wir waren alle Sklaven des Naziregimes. Herr Wald arbeitete in der "Kleiderbarakke", die von Oberscharführer Pfützner verwaltet wurde. Dieser war mir bekannt als redelustiger SS-Mann und im Ungang mit "seinen Juden" kein ausgesprochener Sadist. Als er einmal nach dem Namen eines unserer Mithäftlinge fragte und dieser antwortete: "Mein Name ist Salzman", da erwiderte Pfitzner: "Sonderbar! Meine Schwiegermutter heißt auch Salzman!" Pfitzner war der erste, der uns Juden am frühen Morgen des 6. Juni 1944 eine gute Nachricht übermittelte: Zufällig kam uns dieser Oberscharführer ganz allein und ohne Begleitung entgegen, als uns ansprach mit den Worten: "Ich habe für euch die Nachricht: Die Amerikaner haben ihre Invasion begonnen und sind heute früh in der Normandie gelandet!"

Von den Kameraden der Baracke möchte ich hier einige nennen: Da war Honon Salkind, der bei Oberscharführer Klenz arbeitete. Mischa (Mejschke) Arjev, Yatzkan und sein Vater arbeiteten zusammen im Pferdestall und führten oft ein Gespann. Alle genannten überlebten den Holocaust. Honon Salkind heiratete nach dem Kriege und hatte einen wunderbaren Sohn. Ein tragischer Unfall beendete das Leben dieses Jungen, der unweit seiner Wohnung unter den Rädern der Straßenbahn ums Leben kam; nach diesem Unfall starb Honon Salkind in Riga vor Gram. Mischa Arjev, der oft mit mir an verschiedenen

Arbeitstellen der TWL tätig war, arbeitete später wieder in seinem Beruf als dem Schuhmodell-Zuschneider. Yatzkan kam in seine Heimatstadt Daugavpils (Dünaburg, Lettland) zurück und wurde Leiter des Fleischverarbeitungskombinats. Als ich ihn nach dem Kriege wieder traf, konnte ich ihn nur schwer erkennen: Aus einem abgemagerten Jüngling wurde in knapp 10 Jahren ein athletischer junger Mann, als wäre er niemals ein Sklavenarbeiter in TWL-Mühlgraben gewesen.

Nun zu unserem Kameraden Kasriel Zwickler. Er war Metzger und arbeitete vor dem Kriege schon einige Jahre im jüdischen Koscher-Geschäft "Scharre", das sich in der Skarnu iela (Scharrenstraße) befand. Zwickler war ein Jahr mit mir zusammen im Arbeitskommando Paplaka, bestimmt ein guter Arbeiter, außerdem hatte er die artistische Begabung eines Schauspielers. Er kannte eine Menge lustiger Volkslieder, die er mit ausdrucksvoll und großer Mimik zu singen pflegte. Deswegen war er bei den Kameraden beliebt, die ihn gerne hörten.

Eines Morgens im April 1943 beim Antreten zur Arbeitsverteilung auf dem Vorhof des TWL Mühlgraben (wohin wir vom Lager Kaiserwald täglich marschierten) kam es zu folgenden Ereignissen: Vier Juden wurden aus der Gruppe ausgesucht mit dem Befehl, schnell ins Arbeitslager zurückzukehren, um die persönlichen Sachen ("Klamotten") zu holen und sich auf einen Marsch vorzubereiten. Was das bedeuten konnte, wußte keiner von uns genau. Es konnte auch die Liquidierung im Wald bedeuten. Die vier ausgewählten waren Kasriel Zwickler, ein Metzger aus Riga, Max Gunzenhäuser aus Bamberg, Hans Levy aus Hannover und ich - Ally (Arkadij) Scheinker aus Riga. Oberscharführer Letz und ein weiterer SS-Mann kamen mit einem Lkw ins Lager, und wir vier konnten es uns im Lkw auf Stroh bequem machen. Wir fuhren zuerst in die Dünamündung Bolderaja, wo einige Kisten und Kasten aufgelagert wurden. Danach ging die Reise westwärts, zuerst am Rigaer Strand entlang Richtung Kurland. Die Angst vor dem Allerschlimmste legte sich langsam, und es wurde immer klarer, daß wir für eine Arbeit außerhalb des Lagers Mühlgraben ausgewählt waren. Erst am Nachmittag des nächsten Tages kamen wir an unser Ziel, was bedeutete, daß eine Übernachtung für uns Juden nötig war. Wir sollten also auf Stroh in einem Stall schlafen, der mit einem Schloß über Nacht abgeschlossen wurde. Zum Abendessen erhielten wir Pellkartoffeln. Diese Übernachtung war in der Nähe der Stadt Hasenpot (Aizpute) in Kurland (Lettland). Wir kamen nach Paplaka, ca. 30 km von Libau (Liepaja) entfernt.

Schwerarbeit in der TWL-Filiale Paplaka bei Libau ab April 1943

Nach der Niederlader der deutschen Wehrmacht in Stalingrad Anfang Februar 1942 und andernorts zeichneten sich im Jahre 1943 immer mehr Probleme an der Ostfront ab. Die deutsche Heeresleitung suchte nach Reserven und war gezwungen, diese in den unterworfenen Völkern zu finden, und zwar nach dem Motto: "Kampf gegen den Bolschewismus!" Der lettische General Bangerskis war mit einer allgemeinen Mobilisierung junger Leute in Lettland einverstanden. Diese "Armee" wurde als "Lettische Legion der Waffen-SS"[36] bezeichnet und bei den Kämpfen an der Leningrader Wolchow-Front, eingesetzt, um die deutsche Wehrmacht zu entlasten. Nun brauchte man Kasernen und einen militärischen Übungsplatz. Der passende Ort für die neue "Lettische Legion der Waffen-SS" war Paplaka. Zuerst erhielten die Legionäre ihre Verpflegung vom Truppenwirtschaftslager der Waffen-SS aus Riga, dann aber wurde eine Filiale in Paplaka eingerichtet. Die TWL-Filiale Paplaka wurde von den Oberscharführer Schenz und Letz sowie einigen Gehilfen (z.B. der polnisch-lettischer Bürgerin Tamara Linkewitsch) verwaltet. Die Schwerarbeit sollten Juden verrichten.

So wurden fürs erste vier Juden aus dem Rigaer TWL Mühlgraben nach Paplaka gebracht, darunter eben auch ich. Wir erhielten unsere Unterkunft in einer Bäckerei. In dieser Bäckerei waren auch Juden aus Libau untergebracht, und zwar rund 40, darunter auch einige Frauen, die in der Küche oder als Putzfrauen beschäftigt waren, unter ihnen Hedda Gutman aus Libau, Frau Heiman aus Gelsenkirchen und andere. Tamara Linkewitsch verrichtete schriftliche Arbeiten, sie verhielt sich äußerst brutal gegenüber uns Juden, kontrollierte dauernd, ob wir den gelben Davidstern an der linken Brustseite trugen. Besonders die Frauen in der Küche wurden von ihr übermäßig belastet.

Etwa ein halbes Jahr vor unserer Ankunft in Paplaka wurden Juden aus Libau für eine Baugesellschaft herangezogen. Es waren Handwerker und Fachleute wie Automechaniker, Schlosser, Tischler, Glaser und andere, die Kasernen und Unterkünfte für die lettische Legion vorbereiteten. Durch die Libauer Ju-

---

[36] Die "15. Waffen-Grenadierdivision der Waffen-SS", "Die Lettische Nr. 1" bzw. die "Lettische Legion" wurde Anfang 1943 aufgestellt, kämpfte im Nordabschnitt der Ostfront und 1945 auf deutschem Gebiet; insgesamt hatten mindestens 146.000 Letten in der SS "gedient", nachdem für alle lettischen Männer die Wehrpflicht eingeführt worden war, sollen insgesamt bis zu 160.000 Letten in deutschen Diensten gestanden haben. Siehe http://de.wikipedia.org/wiki/Lettische_SS-Verb%C3%A4nde

den erfuhren wir von der Vernichtung der jüdischen Bevölkerung Libaus in den Jahren 1941/42.[37] Wir erfuhren von den Orten der Vernichtung unschuldiger Menschen am Leuchtturm des Hafens und am Strand in Skejden, rund 10 km nördlich von Libau. Heute gibt es dort ein großes Memorial, das im Jahre 2003 errichtet wurde. Auch auf dem Zentralen Friedhof gibt es ein Memorial mit einer großen Vitrine, welche eine Liste der ermordeten Libauer Juden enthält. Dieses Memorial wurde von dem ehemaligen libauischen Bürger Edward Anders gestiftet, der in Kalifornien lebt.

Unter den inhaftierten Libauer Juden in Paplaka zeichnete sich ganz besonders der Judenälteste Kalman Linkimer aus (geb. ca. 1913), ein Lehrer. In seinen Jugendjahren hatte er die traditionelle jüdische Ausbildung in erhalten. Außer seiner Muttersprache Jiddisch beherrschte er Hebräisch, Lettisch und Deutsch. Kalman war ein ausgezeichneter Sportler (Fußball und Tischtennis). Er war auch begabt im Dichten und verfaßte Lieder mit aktuellen Texten, die sich schnell im Ghetto verbreiteten. So verfaßte er z.B. die "Paplaker Hymne" - "Mir seinen die Paplaker Jidden..." ("Wir sind die Paplaker Juden..."). Kalman Linkimer hatte gute Verbindungen zum Ghetto in Libau und ebenso zu einigen lettischen Bürgern in Libau. Anfang Oktober 1943 wurde das Libauer Ghetto liquidiert, die Bewohner des Ghettos wurden ins KZ Riga-Kaiserwald gebracht, darunter auch Kalmans Mutter und Schwester. Einigen Einwohnern des Ghettos gelang es, ins Lager Paplaka zu kommen, darunter Mutter, Frau und Kind des Häftlings Moritz Itrow.

Nach der Liquidierung des Libauer Ghettos war auch die Existenz des Arbeitslagers Paplaka gefährdet. Kalman hatte schon vorzeitig mit Unterstützung seines Freundes David Sivzon im Ghetto und des lettischen Seemanns Sedols für ein Versteck im Zentrum Libau gesorgt. Und so kam es, daß eines Morgens SD und Gestapo aus Libau mit Autos anfuhren, das Lager umstellten und alle Libauer Juden ins Ghetto Libau brachten. Kalman Linkimer erfuhr durch Hedda Gutman frühzeitig von diesen Ereignissen und faßte rasch den Entschluß, aus dem Lager zu fliehen. Aaron Westerman und Zelke Hirschberg schlossen sich an. Allen drei gelang die Flucht in ein geheimes Versteck im Keller unter einer Bäckerei, die sich in der Stadtmitte befand. In diesem Versteck waren schon etwa 20 Juden untergebracht, die dort mehr als ein Jahr hausten. Besonders schwer wurde die Situation für die Juden im Keller, nachdem Sedols am 10. März 1945 von einer russischen Bombe tödlich verwundet

[37] Dazu Eberhard Jäckel et al. (Hg.), Enzyklopädie des Holocaust. Band II, München 1994, S. 819f.

wurde. Die versteckten Juden in Libau erlebten ihre Befreiung erst am 8. Mai 1945. Der Kurland- Kessel kapitulierte am 8. Mai 1945, zur selben Zeit wie die deutsche Armee.[38]

Unsere Arbeit in Paplaka mit Hans Levi, Kasriel Zwickler und den später hinzugekommenen drei Juden aus dem Rigaer TWL Leyser Likower, Morat und Krendel endete im Mai 1944. Es kam ein bewaffneter SS-Mann aus Riga, um uns sechs Juden ins TWL Mühlgraben nach Riga zurückzubringen. Wir alle mußten in den Zug steigen und unter Bewachung von Libau nach Riga fahren. Mein Arbeitskollege Max Gunzenhäuser aus Bamberg wurde einige Zeit vorher von SS-Leuten abgeholt und blieb seither verschwunden. Es ist anzunehmen, daß er als "nutzloser Juden" eingestuft und zusammen mit erkrankten Juden erschossen wurde. Das ist wegen seiner angegriffenen Gesundheit sehr wahrscheinlich; ich glaube, er hatte ein Lungenleiden. Ob er sich noch mit seinem Vater in Riga im TWL getroffen hat, weiß ich nicht. Auch das Schicksal seines Vaters, der von der Sprache her ein echter Bayer war, ist mir nicht bekannt.

Auf der Fahrt nach Riga kamen mir einige Ideen in den Kopf, vor allem dachte ich, es sei jetzt der passende Moment zur Flucht gekommen. Doch hatte ich Bedenken: Wohin fliehen? Wie kann man ohne gültige Dokumente unter der lettischen Bevölkerung überleben, die den Juden gegenüber meist nicht hilfsbereit war. Hans Levi verstand meine Fluchtgedanken und flüsterte mir ins Ohr: "Lieber Ally, spring bitte nicht vom Zug! Denk an die Folgen für uns: Wir werden alle sofort erschossen!" Zu meinem Vorschlag, daß wir alle fliehen sollten, sagte er: "Wir sprechen doch nicht Lettisch, und das ist ausschlaggebend!" Dieses kurze Gespräch habe ich bis heute im Gedächtnis. So überlegte ich: Ja, ich darf meine Kollegen nicht ins Unglück stürzen! Auch die Chancen von einer erfolgreichen Flucht waren minimal, und sogar das Abspringen vom fahrenden Zug war und ist äußerst riskant.

Wieder im TWL Riga-Mühlgraben ab Mai 1944

Mitte Mai 1944 waren wir also aus Paplaka nach Riga ins KZ TWL Mühlgraben zurückgeführt worden. Als wir nach vielen Stunden in Riga eintrafen, fuhr uns ein Lkw ins Arbeitslager Mühlgraben. Das harte Regime, die spärliche Ernährung, die schwere Arbeit bedeutete für mich und meine Kollegen ein

[38] Die bedingungslose deutsche Kapitulation an allen Fronten trat am 9. Mai 1945 in Kraft.

schwerer Alltag: Hunger war tagein, tagaus unser ständiger Begleiter. Im Vergleich zu Paplaka war die Situation im TWL Mühlgraben zu dieser Zeit mit Hunger und Schwerstarbeit extrem schwierig. Im Sommer 1944 waren wir nun auch äußerlich richtige Häftlinge und mußten gestreifte Häftlingskleidung tragen. Die Haare wurden zur Stigmatisierung kreuzförmig durchrasiert, um Fluchtversuche zu verhindern. Wir waren Sklaven! Nach etwa 13 Monaten hatten sich das Regime und die Unterdrückung der Häftlinge in den KZs und im Arbeitslager TWL Mühlgraben deutlich verschärft.

Eines Tages im Sommer – vermutlich im Juli 1944 - kam ein Lkw aus der "Kasernierung"[39] Lenta, um Lebensmittel zu holen. Dort kommandierte SS-Offizier Scherwitz die Juden. Das Arbeitslager Lenta befand sich im Rigaer Stadtviertel Überdüna. Groß war meine Überraschung, als ich zwischen den Arbeitern meinen Cousin Harry Scheinker sah! Harry wußte, daß ich in diesem Lager arbeitete. Er wollte mich sehen, und wir trafen uns nach jahrelanger Isolierung zum ersten Mal. Harry war in Lenta etwas besser untergebracht. Wie erwähnt, hatte er ab 1936 im Modewarengeschäft "Luis Thal" in der Kalkstraße gearbeitet; während dieser Zeit lernte er als Oberhemdzuschneider beim bekannten Schneidermeister Aron Barnbaum. Vom Offizier Scherwitz wurde er als Spezialist anerkannt und hatte deswegen einige Vorteile. Die traurige Nachricht, daß seine liebe Mutter, meine Tante Gitta, sein älterer Bruder Miron und seine Frau Sofia mit Baby bei der zweiten Aktion am 8. Dezember 1941 in Rumbula grausam ermordet wurden, erschütterte Harry äußerst schwer. Er war fest überzeugt, daß alle gefangenen Juden im Ghetto und in den Arbeitslagern früher oder später umgebracht werden. Unser Treffen auf dem Gelände TWL Mühlgraben war kurz und bewegend. Harry sagte, was ich nicht vergessen kann: "Ich lasse mich nicht wie ein Scharf schlachten. Es gibt nur einen Ausweg, und der heißt türmen!" Ich hatte den Eindruck, daß Harry in der nächsten Zeit einen Fluchtversuch unternehmen werde und hatte mich nicht geirrt: Etwa drei Wochen später flüchtete Harry mit drei deutschen Juden aus Lenta, aber leider mißlang der Fluchtversuch. Harry wurden mit seinen Kameraden gefaßt und im Hof des Lagers Lenta erschossen. Das war genau am 1. August 1944. Die Leichen wurden auf dem Hof verscharrt. Als seine Schwester Sophie Weinberg (geb. Scheinker) und ihr Mann Adolf (Adja) Weinberg Anfang 1945 nach Riga zurückkamen, erfuhren sie von der Ermor-

[39] Um die teils lange Anmärsche und Rückrückmärsche von den Lagern zu den Arbeitsstellen zu vermeiden, wurden an manchen Arbeitsstellen Häftlings-Unterkünfte erreichtet, die man "Kasernierungen" nannte (Lenta = auch Lentta).

dung Harrys und seiner Kameraden. Alle vier Opfer wurden ausgegraben und am 25. September 1945 auf den jüdischen Friedhof Schmerli übergeführt. Ein Grabstein deutet auf den tragischen Fall hin: "Ermordet im Konzentrationslager Lenta am 1. August 1944: Harry Scheinker, Erich Hirschfeld, Edgar Heit und Elchonon Glaser." Die Historikerin Anita Kugler (balten-deutscher Herkunft) beschreibt diesen Fall in ihrem Buch *Scherwitz. Der jüdische SS-Offizier* (Köln 2004).

Im Sommer 1944 hatte sich die Situation im Zusammenhang mit den Kriegsereignissen in Lettland, Estland und Litauen extrem verändert. Es war klar für Freund und Feind, daß die deutsche Besatzung das Baltikum in absehbarer Zeit verlassen mußte. Und so kam es auch. Am 10. Oktober 1944 verließen die deutsche Wehrmacht und die SS Riga. Die ersten Anzeichen für eine totale Niederlage des nationalsozialistischen Deutschlands zeichneten sich deutlich ab. Es blieben ca. sechs Monate, und die totale Kapitulation Nazi-Deutschlands am 9. Mai 1945 nährte sich rasch.

Wir Juden, KZ-Häftlinge, Sklaven, verstanden diese Situation besonders gut. Und wir alle machten uns Gedanken: Was wird mit uns geschehen? Sollte die deutsche Niederlage auch die vollständige Vernichtung der Juden in Europa bedeuten? Das ergab sich aus der bisherigen Vernichtungspolitik Deutschlands. Um so größer war die Überraschung über die ersten Evakuierungen jüdischer Arbeitskräfte aus Riga. Aber davor gab es Instruktionen aus Berlin, eine Selektion jüdischer Sklaven durchzuführen. Denn nur die gesunden und arbeitsfähigen Juden sollten als Arbeitssklaven nach Deutschland kommen.

Eines Abends, es mag Mitte September 1944 gewesen sein, hieß es plötzlich, alle Häftlinge müßten antreten, ihre ganze Kleidung ablegen und auf dem Arm tragen und in einem großen Raum eine Runde vor einem SS-Arzt defilieren. Dieser saß gemütlich hinter einem Tisch, musterte jeden Vorübergehenden und machte dazu eine Fingerbewegung: Wenn ihm ein Häftling nicht gefiel, ging der Zeigefinger nach links, im anderen Fall nach rechts. Von dieser kleinen Bewegung hing Leben oder Tod dieses Menschen ab. Ich erinnere mich, daß ich stramm vorbei ging und das Fingerzeichen für mich günstig war. Aber ich erinnere mich auch, daß einer unserer besten Arbeiter- mein guter Kamerad Kasriel Zwickler - leider nach links gehen mußte und so mit seinem Leben bezahlte; er wurde erschossen. Dasselbe geschah mit zwei Freundinnen, die von einander getrennt wurden, die eine blieb am Leben, die andere mußte sterben. Es gab viele solche Beispiele des Entsetzens und der Trauer.

Zwischen August und September 1944 wurden Tausende jüdischer Arbeitssklaven auf Schiffe verfrachtet und nach Deutschland gebracht, nachdem einige Jahre zuvor Juden massenhaft von Deutschland nach Riga verschleppt worden waren - als Arbeitssklaven und zur Vernichtung. Die Forderung, Deutschland "judenrein" zu machen, war in den meisten deutschen Städten nun nicht mehr einzuhalten.

Im September 1944 hatte ich Pech. Ich wurde bei der Kontrolle an der Pforte des TWL-Lagers geschnappt. Unsere Kolonne wurde plötzlich gestoppt, und einige SS-Leute begannen eine Taschen- und Leibesvisitation. Zuvor hatte ich ein Stück Butter in der Kleidung versteckt, wollte es loswerden und legte das Päckchen am Weg ins Gras. Das wurde bemerkt, ich wurde angezeigt, es folgte die Strafe. Die Strafe begann im Hof des TWL Mühlgraben, indem ich vom Rottenführer Seidel, einem kräftigen SS-Mann, geschlagen wurde. Ich erhielt nicht 25, sondern 50 Hiebe und konnte kaum noch stehen, geschweige denn gehen. Als die Kolonne den Heimweg zu den Baracken antrat, konnte ich nicht mit und wurde weiter bestraft: Man band mir die Händen hinter dem Rücken zusammen, um mich in diesem Zustand an einem Baum hochzuziehen. Ich hatte nach einigen Minuten unbeschreibliche Schmerzen in den Gelenken und schrie, klagte, jammerte. Dieses Geschrei war der SS-Führung nicht gelegen, und um mich zu beruhigen, erhielt ich eine kalte Dusche, wurde mit einem Eimer Wasser übergossen. Ich war naß von Kopf bis Fuß. An diesem späten Abend im September war es schon recht kühl, und ich mußte in nasser Kleidung am Baum hängen. Heute weiß ich nicht mehr, wie ich am späten Abend in die Baracke zurückgebracht wurde. Ich erinnere mich nur, daß ich wegen den offenen Wunden am Gesäß nicht auf dem Rücken liegen konnte. Ich war einige Tage nicht arbeitsfähig. Es war gefährlich, arbeitsunfähig sich tagsüber in der Baracke aufzuhalten. Die deutsche Führung brauchte arbeitsfähige Sklaven. Wer nicht arbeiten konnte, wurde liquidiert. Ich glaube, ich war einige Tage im Krankenrevier, und als ich einigermaßen auf den Beinen war, marschierte ich wieder in der Kolonne den Weg vom KZ Kaiserwald zur Arbeitsstelle TWL, etwa 1 bis 1,5 km.

Eines Tages, es war schon Ende der Arbeitszeit, sah mich Oberscharführer Letz, der früher in der Verwaltung des Außenlagers Paplaka direkt mein Vorgesetzter war. Er rief mich in Anwesenheit anderer SS-Leute mit den Worten zu sich: "Du Schweinehund, du hast geklaut und mich in Paplaka schon bestohlen! Du verdienst eine Strafe!" Und er schlug mir mit der Faust ins Gesicht. Die SS-Leute sahen dies, rührten mich jedoch nicht an. Ich fiel zu Boden, daraufhin folgte ein Fußtritt mit seinem Soldatenstiefel mir genau ins Auge, das sofort mit Blut überströmt war. Ich konnte mit dem Auge einige Tage nicht sehen, und es war auch nicht möglich, festzustellen, ob ich überhaupt noch ein linkes Auge habe. Erst einige Tage später ging die Schwellung zurück, und G'tt sei Dank hatte ich mein Auge noch, die Narbe über der Augenbraue ist bis heute geblieben. Ich glaube, daß die Thrombose im Auge, die ich im Jahre 2000 erlitt, mit diesem Fußtritt des Oberscharführer Letz im Jahre 1944 in Verbindung stehen könnte.

Über meine etwa dreijährige TWL-Häftlingszeit ist noch folgendes zu berichten: Im KZ Arbeitslager Riga-Mühlgraben waren nach meinen Schätzungen über 1000 Männer und Frauen untergebracht. Es gab das Verpflegungslager und das Bekleidungslager mit Oberscharführer Pfüzner. Ich arbeitete im Verpflegungslager. Unter den Sklavenarbeitern befanden sich viele Juden auch aus Deutschland, Österreich, der Tschechoslowakei, und alle sprachen Deutsch. Das Prager Deutsch hatte den Rhythmus der tschechischen Sprache. Die Wiener dagegen sprachen mit ihrer eigenen Melodie, wie beispielsweise Rechtsanwalt Herrn Kobler und seine Frau. In unserer Baracke gab es auch viele aus Stuttgart und Bamberg, so Max Gunzenhäuser und sein Vater, Max Berger aus Duisburg, der Automechaniker de Fries aus Gelsenkirchen, Hans Levy aus Hannover.

Kurzum, im TWL trafen sich viele Menschen aus verschiedenen Ländern Europas mit verschiedenen Kulturen und Sprachen. Unter den lettischen Juden gab es eine relativ begrenzte Anzahl, welche die deutsche Sprache beherrschte. Weil ich Deutsch sprach, hatte ich einen gewissen Vorteil und auch Interesse, mit deutschsprachigen Juden aus anderen Ländern in engeren Kontakt zu kommen. Hier möchte ich Max Berger, den Juristen Kobler und seine Frau aus Wien, Max Gunzenhäuser und besonders Hans Levy aus Hannover nennen. Hans Levy war mein engster Nachbar und Kamerad während eines ganzen Jahres in der TWL-Filiale Paplaka bei Libau.

Wir hatten die Möglichkeit, uns in den Stunden nach der Arbeit ausführlich zu unterhalten, und so erfuhr ich von den Eßgewohnheiten in Deutschland, daß es Spargeln gab, die ich nie gesehen und gegessen hatte. Überhaupt wurde zwischen den jüdischen Sklavenarbeitern im KZ viel über gutes Essen gesprochen. Psychologisch läßt sich das erklären: Weil man immer Hunger hatte, wollte man wenigstens von den Erinnerungen der Friedenszeit profitieren und sich an Speisen erinnern, die man zu Hause gegessen hatte, um so wenigstens die Erinnerung des Sattessens hervorzuzaubern. Ich persönlich erinnere mich, daß ich in den Hungertagen im Ghetto nichts anderes als trockenes Brot essen wollte. Gelegentlich hörte ich bei der Arbeit, wie jüdische Frauen im KZ an verschiedene Speisen erinnerten und sich über Kochkunst austauschten. Dabei hörte ich z.B. den Ausdruck: "das machte die Suppe besonders sämig!" Dieser Ausdruck blieb mir bis heute im Gedächtnis.

Die verschiedenen Kulturen der Völkergruppen führten dann und wann auch zu Mißverständnissen und Konflikten, z.B. an einem Ruhetag, als die jüdischen Häftlinge, Frauen und Männer, auf dem Gelände des KZs zusammentrafen. Kasriel Zwickler, der Metzger aus Riga, konnte sich mit einer gebildeten Dame aus Gelsenkirchen oder Duisburg über gemeinsame Interessen unterhalten. Kasriel Zwickler, ein Mann der physischen Arbeit und mit wenig Bildung, benutzte oft brutale und kräftige Ausdrücke, worauf diese oder jene Frau antwortete: "Das ist total ordinär und brutal!" Die antisemitische und rassistische Nazipolitik führte jüdische Volksgruppen aus verschiedenen Ländern in den verschiedenen KZs Europas zusammen. Menschen trafen sich, tauschten Gedanken aus, auch wenn der Magen leer blieb. Das hatte vielleicht sogar positive Auswirkungen, die man für das Leben in dieser außergewöhnlichen Situation brauchte. Wir Häftlinge konnten mit vielen Entbehrungen schlecht oder recht durchkommen, auch wenn uns der Hunger ständig quälte. Aber die andauernde Drohung der physischen Vernichtung bedrückte uns enorm. Wir lebten mit dem Tag, mit der Minute und wußten nicht, was der Morgen bringen wird.

Die Lebenschancen der Juden kurz nach der ersten Pogromwelle im Sommer 1941 waren durch folgendes bedingt: "Willst du überleben, so mußt du als Arbeitssklave drei Bedingungen erfüllen: Du mußt jung, gesund und kräftig sein!" Schwache, kränkliche und ältere Menschen wurden von den Nazis nicht geduldet und kamen früher oder später in die Todmaschinerie.

Mit diesen großen gesundheitlich Schäden endete für mich die schwere Zeit im Kommando TWL Riga-Mühlgraben, eine Zeit von rund drei Jahren (1942-1944). Die restlichen Wochen vor der Deportation ins KZ Stutthof bei Danzig verliefen in einer hektischen Atmosphäre. Die Fronten prallten von allen Richtungen um Riga zusammen, und die deutsche Besatzung war voll und ganz mit den Maßnahmen der Evakuierung beschäftigt. Die "schöne, gute Zeit" der deutschen Besatzung in der einstigen deutschen Hansestadt ging zu Ende. Die deutsche Wehrmacht und alle deutschen Instanzen mußten Riga eiligst räumen, was sich die Besatzer im Jahre 1941 wohl nicht vorstellen konnten. Damals glaubten sie, Riga und das ganze Baltikum werde für immer ins Reich eingegliedert. Auch die lettische Bevölkerung war betroffen, denn die Bevölkerung war nun durch die bevorstehende neue Besetzung durch die sowjetische Armee bedrückt. Ein beträchtlicher Teil der lettischen Bevölkerung, besonders die Intelligenz, teilweise auch Geschäftsleute und die wohlhabende Schicht der Bevölkerung bemühten sich, mit der deutschen Wehrmacht Lettland zu verlassen und in den Westen zu fliehen. Ein großer Teil dieser Leute versuchte auch, das neutrale Schweden zu erreichen.

In den Monaten September bis Oktober 1944 gab es eine hektische Aktivität der NS-Verwaltung, um die wichtigsten und wertvollsten Güter sowie auch Verpflegung aus Lettland auf dem Seeweg Riga-Königsberg zu transportieren. Schon im Frühjahr 1944 hatte das TWL begonnen, seine Lebensmittelreserven auf verschiedene Stellen außerhalb Rigas und in den näher gelegenen Ortschaften bei Riga, z.B. in Sloka oder Tukums, zu verteilen. Diese Aktionen waren notwendig aufgrund wiederholter Luftangriffe der sowjetischen Luftwaffe. Für uns Häftlinge und Zwangsarbeiter war diese Situation äußerst schwierig und anstrengend. Wir mußten oft nicht nur bei Tag, sondern auch über Nacht ohne Pause und Schlaf arbeiten, d.h. die schweren Zuckersäcke und alle Lebensmittel in Säcken und Kisten auf Lkws auf- und abladen, oft begleitet von den "ermunternden" Worten der SS: "Schneller, schneller, bewegt euch!" Dieser Zustand dauerte bis zum letzten Tag, dem 10. Oktober 1944, als die deutsche Besatzungsmacht nach 3½Jahren Plünderung und Massenvernichtung ihr geliebtes Ostland mit der Hauptstadt Riga endgültig verließ.

Am 13. Oktober 1944 wurde Riga von der sowjetischen Armee befreit, und an diesem Tag kamen ca. 200 Juden aus ihren Verstecken hervor. Die Sowjetmacht war gegenüber den befreiten jüdischen Menschen sehr skeptisch und mißtrauisch. Seitens der politischen Organe war folgende Frage besonders charakteristisch: "Warum seid ihr am Leben geblieben? Habt ihr für die deutsche Besatzung als Dolmetscher oder Aufseher gearbeitet?" Mir persönlich wurden diese Fragen auch von sowjetischen KGB-Offizieren gestellt, nachdem ich am 10. März 1945 befreit worden war.

Bis dahin mußte ich leider eine weitere, sehr schwere Zeit überstehen: die Zeit im KZ Stutthof als Häftling mit der Nummer 98112; als Sklavenarbeiter im KZ Burggraben bei der U-Boot-Montage auf der Werft Schichau-Werke bei Danzig, während des Todesmarsches von ca. 120 km im Januar 1945 von Burggraben nach Gottenhof. Dort gab es täglich viele Tote; es gab eine Typhusepidemie, Fleckfieber, wovon auch ich angesteckt wurde und gesundheitlich eine kritische Phase erreichte.

Von Riga ins KZ Stutthof bei Danzig im Oktober 1944

Am 10. Oktober 1944 ist in letzter Minute aus dem Rigaer Hafen Bolderaja ein Schiff mit Juden ausgelaufen. Zwischen den vielen Juden war das Zwangsarbeitskommando TWL-SS Mühlgraben, alle im unteren Schiffsraum zusammengepfercht, darunter auch ich. Es gab wenig zu essen, und wir alle hatten dauernd Durst. Einige Male wurden wir bei Nacht und Nebel von russischen Jagdflugzeugen angegriffen. Unser Schiff hatte einige Maschinengewehre, die den Angriff abwehrten, wir blieben unversehrt. Im übrigen war damals meine Freude über den Angriff auf ein deutsches Schiffs viel größer als die Angst, mit dem Schiff unterzugehen. Nun saßen wir mit unseren Feinden tatsächlich im selben Boot. Allerdings war der Unterschied diesmal der, daß die Deutschen vor Angst um ihr Überleben zitterten, wir aber nicht!

Am Nachmittag des nächsten Tages kamen wir in den Hafen Pillau bei Königsberg. Hier mußten wir das Schiff verlassen und im Hafen einige Zeit warten. Ganz in der Nähe stand eine Gruppe deutscher Frauen, gut gekleidet mit Mantel und Hut, die anscheinend auf ihre Evakuierung warteten. Wir standen dicht nebeneinander. Wir Juden trugen Sträflingskleider, die deutschen Frauen dagegen waren gepflegt und trugen schöne Ausgehkleidung. Dieser riesige Kontrast ging mir damals durch den Kopf, und ich fragte mich, warum wir so bestraft werden, die deutschen Frauen dagegen so "festlich" gekleidet sind. Ich hörte Gespräche der Frauen, 40 bis 60 Jahre alt. Es kam mir plötzlich in den Sinn, warum meine liebe Mutter, die auch in diesem Alter war, nicht unter diesen lebenslustigen, gutgekleideten Frauen war. Meine Mutter kleidete sich meist genauso gut wie die deutschen Frauen, die jetzt vor mir standen. Das Eigenartige war, daß wir zwar recht nahe beieinander standen, die deutschen Frauen uns jedoch überhaupt nicht beachteten und absolut kein Interesse für uns jüdische Häftlinge zeigten. Ich hatte erwartet, daß wir vielleicht gefragt würden, wer wir seien und woher wir kämen. Aber niemand interessierte sich für uns und unser Schicksal. Dieser Vorfall war für mich und meinen Leidensgenossen eine weitere Erfahrung der schweren, unmenschliche Zeit der totalen Isolation bis zum Tage meiner Befreiung am 10. März 1945.

Es vergingen eine oder zwei Stunden, bis wir den Befehl erhielten, in eine Fähre einzusteigen. Die ganze Masse jüdischer Häftlinge verschiedener KZs begab sich ins Ungewisse; wir fuhren einige Stunden auf einem Kanal an der Weichsel entlang, bis wir unser Ziel erreichten: das KZ Stutthof, knapp 40 km östlich von Danzig.

Schon unterwegs beobachteten wir arbeitende Häftlinge mit eingefallenen Gesichtern, die dem Hungertod nahe waren und deutlich genug zeigten, welchem Schicksal wir entgegengingen.

Die Ankunft im KZ Stutthof war grausam. Neben deutschen Befehlen hörte man polnische Befehle: "Prenko, prenko!" und andere polnischen Ausdrücke, von Stockhieben begleitet. Wir kamen in einen großen Raum, mußten unsere Kleider ablegen, alle Dokumente, die wir noch besaßen, wurden uns abgenommen: Ich besaß noch einen lettischen Paß, den ich in der Präfektur von Riga erhalten hatte, als ich 16 Jahre alt wurde (4. Mai 1937). Man führte uns in einen Duschraum, wo wir sehr skeptisch auf die Duschanlagen schauten.[40] Zum Glück kam kein Gas, aber auch fast kein Wasser. Nebenan lag ein Haufen großer und kleiner Kleidungstücke, bemalt mit farbigen Streifen. Ein Pole warf uns nach dem "Duschen" wahllos eine Hose, ein Hemd und eine Jacke zu. Diese Kleidungsstücke paßten zumeist gar nicht, und man war zu tauschen gezwungen. In der neuen "Kleidung" sahen wir aus wie die Clowns im Zirkus. Wir schauten uns an, und - kaum zu glauben - wir lachten zu diesem bösen Spiel!

Nun mußten uns in eine Schlange aufstellen, und ein Pole, der auch Deutsch beherrschte, füllte ein Formular aus mit Namen, Geburtstag, Nationalität, Herkunftsland, letzter Adresse und vergab die neue Identität – für mich die Häftlingsnummer 98112. Diese Angaben kamen ins Archiv des KZs Stutthof. Heute besitze ich einen Dokumentenauszug meiner Häftlingspersonalkarte des KZs Stutthof, ausgegeben vom Internationalem Suchdienst des Roten Kreuzes in Bad Arolsen. Die Personalkarte wurde am 14. Oktober 1944 ausgestellt. Demgemäß trafen wir am vierten Tag nach der Abfahrt aus Riga im KZ Stutthof ein. Ich erhielt diesen Dokumentenauszug am 2. Dezember 1972 als Antwort auf meine Nachfrage beim internationalen Suchdienst in Arolsen, unterschrieben von Direktor A. de Cocatrix und vom Chef des Archivs A. Opitz.

Das Regime im KZ war fürchterlich. Die Baracken waren überfüllt, denn es kamen unerwartet viel Häftlinge aus den besetzten Ostgebieten, besonders aus Lettland, Litauen, Weißrußland, nachdem die deutsche Wehrmacht 1944 diese Gebiete verlassen mußte. Ich erinnere mich an einige Vorfälle im KZ, wie z.B. an eine Hinrichtung auf dem Appellplatz. Ein russischer Häftling hatte angeblich Widerstand geleistet und mußte deswegen mit seinem Leben bezahlen, er wurde gehängt. Viele Tausende Häftlinge mußten sich auf dem Appellplatz aufstellen und zusehen. Es war Ende Oktober 1944, kalt und regnerisch.

---

[40] Der Autor sagt, daß Häftlinge damals von Giftgas in Duschanlagen gehört hatten.

Bei unserer miserablen Ernährung und mit dünner Bekleidung war jede Stunde Strammstehen sehr ermüdend. Ich erinnere mich, daß der junge russische Häftling vor seinem Tode mit drohender Stimme auf russisch ausrief: "Es lebe das russische Volk! Hitler und seine Bande sind kaputt!" Solche Exekutionen waren recht häufig, denn jeder Ungehorsam wurde mit dem Tode bestraft.

Zweimal am Tag war Appell. Man mußte stundenlang warten, in Reih und Glied, bis der zuständige SS-Offizier die Kolonnen gezählt hatte. Es kam oft vor, daß Häftlinge auf dem Appellplatz Schwächeanfälle erlitten und zu Boden fielen. Geheilt wurde keiner. Sie kamen ins Krematorium, wo der Schlot Tag und Nacht rauchte. Wir schlief auf dem Boden, Körper an Körper, und am Morgen fand man oft Tote. Es gab anscheinend einen Befehl, daß sich die besonders schwachen Häftlinge in Gruppen selbst Richtung der Vernichtungsanlagen bewegen sollten. Das habe ich selbst gesehen. Am schlimmsten litten die polnischen Juden aus Lodz, Krakau und anderen Städten, die schon seit September 1939 die fürchterlichen Repressionen der deutschen Besatzung erlebt hatten und zuletzt entweder nach Auschwitz oder in ein anderes KZ eingeliefert wurden, wie in diesem Fall ins KZ Stutthof. Sie hatten schon alles verloren, sahen schrecklich abgemagert aus, waren nur noch Haut und Knochen, denn jahrelang litten sie ständig an Hunger. Ich erinnere mich, daß sich die polnischen Juden aus Lodz nach dem Morgenappell in Gruppen versammelten und einen lebendigen "Ofen" bildeten, in dem sie sich gegenseitig zusammendrückten und sich so körperliche Wärme spendeten. Im Oktober waren diese abgemagerten Menschen für Kälte besonders anfällig. Die Baracken durften die Häftlinge nach dem Appell nicht mehr betreten. So waren das Regime und die deutsche Ordnung im KZ Stutthof.

Ich machte mir Gedanken, daß ich nach einigen Monaten des Hungers wahrscheinlich aussehen würde wie die polnischen Juden. Deshalb versuchte ich, meinen Körper nach Möglichkeit zu stärken: "Bewegung!" war meine Devise, um die Gesundheit zu erhalten. In diesem Zusammenhang ereignete sich folgender Vorfall. Auf einem Platz sah ich eine größere Gruppe nichtjüdischer polnischer Häftlinge, die mit einem Instrukteur Morgengymnastik machten. Ich beobachtete sie eine Weile und kam zum Schluß, daß ich noch genügend Kraft für alle Übungen hatte. Ich stellte mich freiwillig in die letzte Reihe der Gruppe und machte die Körperübungen mit. Es dauerte etwa 10 Minuten, bis der Instrukteur (ein Pole) zu mir lief und mir - ohne ein Wort zu sagen - eine fürchterliche Ohrfeige verabreichte. Warum er das tat, ist mir bis heute unerklärlich. Natürlich habe ich mich nie mehr dieser Gruppe zugesellt. Ab sofort machte ich meine Übungen individuell, und so habe ich auch keine Ohrfeigen mehr erhalten.

Die jüdischen Häftlinge, meist aus Lettland und Litauen, waren alle in einer Baracke untergebracht, und diese war überfüllt. Die meisten schliefen eng beieinander auf dem Boden. Die sanitären Verhältnisse waren katastrophal, von Hygiene keine Spur. Es gab täglich Tote, Häftlinge, die den nächsten Morgen nicht erlebten. Es gab einen Kapo namens Kagan, der für "Ordnung" sorgte und eine gewisse Verantwortung trug. Es war der frühere "Oberjude" aus dem Rigaer TWL Mühlgraben, der einige Jahre nach dem ersten "Oberjuden", Dr. Auerbach aus Wien, tätig war. Kagan besaß enorme Kraft, war Kaufmann von Beruf und Hobby-Ringkämpfer. Als "Oberjude" konnte er seine physische Kraft oft anwenden, indem er "ungehorsame" Juden nicht nur mit Ohrfeigen, sondern auch mit anderen physischen Maßnahmen bestrafte. Er hatte einen jüngeren Bruder, der im Schatten seines Bruders Nutzen daraus ziehen konnte. Im KZ Stutthof sind die Gebrüder Kagan plötzlich als Sänger aufgetreten und erhielten dafür zusätzlich eine Doppelportion Brot. Sein brutales Vorgehen gegenüber jüdischen Häftlingen im KZ Stutthof überstieg an Brutalität alle Grenzen seiner Tätigkeit im Rigaer TWL Mühlgraben. Das Regime, die Umgebung, der Hunger im KZ Stutthof waren viel unmenschlicher und härter als im TWL Riga. Kagan mußte sich bei der polnischen Oberschicht im KZ bewähren und zeigen, daß er die jüdischen Häftlinge im Griff hatte. Der Hunger nagte tagtäglich an uns Häftlingen, die Gesichter fielen ein, und die Backenknochen kamen zum Vorschein.

Im KZ Danzig-Burggraben und Arbeit beim U-Boot-Bau Ende 1944

Seinerzeit wurden Arbeitskommandos gebildet und in verschiedenen Städten der Umgebung kaserniert. Eines Tages im November 1944 suchte man Arbeiter für ein Kommando irgendwo bei Danzig. Ich bemühte mich, sofort für dieses Kommando registriert zu werden, denn etwas Schlimmer als Stutthof konnte ich mir nicht vorstellen. Schließlich wurde ich mit einigen hundert jüdischen Häftlingen von Stutthof direkt in ein neues Arbeitslager verbracht, nämlich ins KZ Danzig-Burggraben. Unter den vielen Häftlinge war auch ein Mann namens Deutsch aus Wien, den ich später in Tel Aviv zufällig wieder traf; er hatte den Holocaust überlebt und war nach Wien zurückgekehrt. Wir waren einige Zeit befreundet, als ich 1980 aus Israel nach Weil am Rhein kam.

Das KZ Danzig-Burggraben war im Vergleich zu Stutthof ein wahres Paradies. Jeder Häftling besaß ein Bett, anstatt Baracken gab es als Unterkunft einfache kleine Häuser. Es herrschte aber ein strenges Arbeitsregime. Mischa Glicksman war der "Oberjude", der sich besonders brutal gegenüber seinen jüdischen Mithäftlingen verhielt. In Riga war er in der Außenstelle Lenta, die vom SS-Offizier Scherwitz geleitet wurde. Deren Filiale war in der Petersalas iela in Riga, wo Mischa Glicksman zusammen mit seinem Vater untergebracht war. Man sagt, daß Mischa sich auch dort ungemein brutal gegenüber seinem eigenen Vater verhielt. Die SS-Führung brauchte einen "Oberjuden", der physisch robust war. Mischa Glicksman war groß von Gestalt und besaß genügend Muskelkraft, was ausschlaggebend für einen "Oberjuden" in Burggraben war und weshalb er als "Oberjude" eingesetzt wurde. Er mußte für Disziplin und Ordnung im Arbeitslager die Verantwortung übernehmen.

Als wir zwischen November und Dezember 1944 vom KZ Stutthof in das Arbeitslager KZ Burggraben überführt waren und in den Schichau-Werken bei Montagearbeiten der U-Boote Zwangsarbeit verrichten mußten, war im Lager Burggraben – wie erwähnt - Mischa Glicksman der "Oberjude". Weitere Namen von Kapos waren Butschinskij, Joffe und andere. Es ist zu bemerken, daß je schlimmer seitens der Deutschen die Situation für die jüdischen Häftlinge in den KZs wurde, desto brutaler und aggressiver war auch die Behandlung der jüdischen Kapos gegenüber ihren Leidensgenossen. Wo man früher Verständnis der allgemeinen Lage seitens der Kapos erkennen konnte, kam es nun zu extrem brutaler Gewalt gegenüber den Häftlingen. Physische Gewalt, Schläge und nicht nur mit der Hand oder Faust, erteilten die Kapos links und rechts, ob schuldig oder unschuldig, man mußte sie schon von weitem fürchten.

Ich habe es selbst erlebt: Wenn es unter jüdischen Häftlingen Unordnung gab, mußten in Burggraben alle auf dem Appellplatz antreten, und es wurde mit dem "Schuldigen" kurzer Prozeß gemacht. So war ich bei einer solchen Aktion unter den Mitschuldigen, und wir mußten stramm stehen vor dem Kapo Mischa Glicksman. Es war 15 bis 20 Häftlinge, und Glicksman demonstrierte mit seiner großen physischen Kraft seine "Überlegenheit" gegenüber den geschwächten jüdischen Zwangsarbeitern. Er ging mit langsamem Schritt die Reihe entlang und gab jedem einzelnen eine so starke Ohrfeige, daß er zu Boden fiel. Als er an mir vorbei kam, sträubte ich mich und nahm mir moralisch und physisch fest vor, durch seinem Handschlag nicht zu fallen. Tatsächlich blieb ich als einziger auf den Beinen. Er schaute mich mit bösartigem Blick an als wollte er sagen: "Ich werde dich schon noch kleinkriegen!"

Und dazu kam es leider einige Tage später, als er mich zufällig vor die Augen bekam: Er "bearbeitete" mich mit seinen Fäusten schwer, und es genügte nicht, daß ich diesmal zu Boden fiel. Er trat mir mit seinem schweren Stiefel auf den Magen, und ich erlitt große Schmerzen an allen Körperteilen. Das war die Rache für meine Reaktion auf dem Appellplatz. Mischa Glicksman wurde kurz nach der Befreiung im März 1945 festgenommen, nachdem er von vielen Juden angezeigt worden war, die durch ihn gelitten hatten. Er war als Sadist und Mitläufer des Naziregimes allgemein bekannt. Sein genaues Schicksal ist mir nicht bekannt. Besonders in der letzten Periode der Gefangenschaft zwischen 1943 und 1945 hatte die Unterdrückung der Zwangsarbeiter durch die SS und die jüdischen Kapos stark zugenommen

Die Arbeit begann früh am Morgen: Aufstehen gegen 5.30 Uhr, dann mußte man sich zum Marsch bereitmachen, um mit der Bahn zur Arbeitsstelle zu gelangen, nämlich in den *Schichau-Werken* bei Danzig, eine Werft, auf der U-Boote gebaut wurden. Wir wurden in kleine Gruppen eingeteilt, und ein Instruktor zeigte uns kurz, was wir zu tun hatten. Ich kam in die Arbeitsgruppe "Montage der Ölbehälter", die man mit Hilfe eines Krans und Stahlseilen im U-Boot montieren mußte. Die Arbeit war schwer. Zu Essen gab es wenig, jedoch mehr als in Stutthof. Meine Arbeitskollegen waren Sascha Dolgizer aus Riga, Friedrich Deutsch aus Wien und eigentlich alle, die mit mir bis zuletzt im Rigaer TWL gearbeitet hatten und die Selektion im September 1944 überlebt hatten. Wir kamen in Kontakt mit anderen Arbeitern verschiedener Nationalitäten: Polen, Tschechen und anderen, besonders mit vielen Italienern. Unter den jüdischen Häftlingen erkannte ich Bekannte aus Riga, so z.B. der Tenor Schelkan und meinen ehemaligen Nachbarn Lew Arnow (Aronson) aus der Großen Neustraße 25/29-12 in Riga, einen bekannten Cellisten, Sohn eines bekannten Damen-Schneidermeisters. "Arnow" war sein Pseudonym. Er hatte in Berlin Violoncello studiert und in Europa großen Erfolg. 1939 gab Lew Arnow im Schwarzhäuptersaal zu Riga ein Konzert, das ich als Gymnasiast besuchte. Es war das letzte Konzert Lew Arnows in Riga vor dem Krieg. Lew Arnow und der Tenor Schelkan waren befreundet und hatten in dieser Situation einen Vorteil – sie sprachen italienisch und konnten so Kontakt mit italienischen Arbeitern pflegen. Die Italiener waren damals schon eher Feinde als Freunde Nazideutschlands und wollten sich den Alliierten anschließen. Mussolini hatte seine Diktatorrolle 1944 ausgespielt.[41] Das Jahr 1944 ging zu Ende. Die Frontlinien waren nahe an die Grenzen Deutschlands gerückt.

Trotzdem wurden in den "Schichau-Werken" noch immer U-Boote gebaut. Doch meine dortige Zwangsarbeit dauerte wiederum nur eine kurze Zeit von etwa zwei Monaten. Am 12. Januar 1945 begann die Großoffensive der Roten Armee an der Weichsel. Es gab höchstwahrscheinlich Direktiven aus Berlin, Häftlinge als Arbeitskräfte zu erhalten. Man glaubte vielleicht noch immer an eine "Wunderwaffe", die den versprochenen Sieg Hitlers bringen würde. Jedenfalls war das ein gewisser Vorteil für uns Sklavenarbeiter, das nackte Leben zu erhalten, obgleich in den folgenden Monaten Tausende von Häftlingen infolge Unterernährung und schwerer Arbeit mit ihrem Leben bezahlten.

Todesmarsch ins KZ Gottenhof in Pommern im Januar 1945

An
fang Januar 1945 wurden alle Juden notevakuiert, die noch auf den Beinen standen. Es begannen, und zwar nicht nur in unserem Lager Burggraben, die berüchtigten "Todesmärsche". Es war Januar und sehr kalt, wir mußten mit Holzschuhen und schäbiger Kleidung rund 130 km durch Schnee und Eis Richtung Westen marschieren. Die Nächte verbrachten wir in Kirchen oder Scheunen. Es gab Pellkartoffeln zu essen, die in einem Eimer schnell gekocht wurden. Durch Hunger, Ermüdung und Krankheiten konnten viele diesen Riesenmarsch nicht durchhalten und wurden am Weg, meist in einem Wäldchen, erschossen. So erinnere ich mich, wie der Friseur Meinberg aus Libau (Liepaja) von einem SS-Mann zur Seite geführt und durch einen Kopfschuß getötet wurde. Das sah ich mit meinen eigenen Augen. Es gab Hunderte solche Fälle. Meinberg hatte einen Bruder, der dann allein weitermarschieren mußte. G'tt gab mir die Kraft, trotz Hunger und totaler Erschöpfung alle Strapazen zu überstehen.

Auf dem ganzen Weg habe ich mich um meinen Verwandten Abraham Mihalischok aus Riga gekümmert. Abraham war Zahntechniker und etwa sieben bis 10 Jahre älter als ich. Vor dem Krieg hatte er seine Praxis in der Kalku iela (Kalkstraße) im Hof des Kinotheaters AT. Zu Beginn des Todesmarsches, er-

[41] Benito Mussolini (1883-1945) wurde am 25. Juli 1943 abgesetzt; am 8. September 1943 trat der Waffenstillstand Italiens mit den Alliierten in Kraft, Italien wurde von der deutschen Wehrmacht besetzt, Mussolini wurde als Chef einer Marionettenregierung eingesetzt.

zählte er mir, daß er schwer verletzt sei, da er von einem SS-Mann geschlagen worden war und Rippenbrüche erlitten hatte. Er bat mich, ihn in den Arm zu nehmen, damit er eine Stütze habe. Ich bemühte mich, seine Bitte zu erfüllen und muß heute sagen, daß ich ihn wirklich während des ganzen langen Marsches von 120 km nach Gottenhof mit meinem Arm gestützt hatte. Da wir auf dem Weg kaum was zu essen hatten, riskierte ich einige Male abends im Dunkeln, kurz aus der Reihe und zu einem Bauernhaus zu laufen, um etwas Brot zu bitten. Das ist mir mehrmals gelungen, und ich erhielt von den Bauern ein Stück Brot. Ich habe den letzten Bissen mit Abraham geteilt. Schließlich kamen wir ins KZ Gottenhof in Pommern.

Ein Talmudspruch sagt: "Wer ein Menschenleben rettet, rettet eine ganze Welt!" Ich glaube, daß dies in meinem Fall gelten kann, denn ohne mich hätte Abraham Mihalischok die schweren Strapazen wohl kaum überstanden. Er überlebte den Holocaust, hatte eine Freundin, heiratete sie später und erzog zwei Kinder, Elias und Tochter Rali. Elias wurde 1946 in Frankfurt am Main geboren und wanderte mit seiner Familie nach Chicago aus, wo er eine Ausbildung als Urologe erhielt. Ich hatte begegnete Elias (Eli) einige Male. Besonders schön war die Begegnung im Sommer 1976, als Eli mit seinem Vater Abraham seine Schwester Rali Rosental und die Verwandten Dora und Isaak Ofchinskas in Vilnius (Litauen) besuchten. Dies war das erste Treffen nach dem Krieg, und ich erwartete ein Zeichen der Erinnerung und Dankbarkeit für meine Hilfe auf dem Todesmarsch. Doch Abraham war inzwischen ein richtiger Amerikaner geworden, der für Sentimentalität und Vergangenheit nicht viel übrig hatte. Anstelle eines Dankeswortes sagte er nur: "Lieber Ally, vergiß die schwere Zeit der Gefangenschaft und lebe mit dem heutigen Tag!" So trennten wir uns. Gott gebe ihm seine Ruhe, da er ein kurze Zeit später in Chicago starb.

In Gottenhof war die Lage katastrophal. Es gab überhaupt keine geeigneten Unterkünfte. Ich erinnere mich aber, daß es hier ein Warenlager mit Regalen gab, worauf wir schlafen mußten. Arbeit gab es nicht und eigentlich auch keine normale Verpflegung. Das Wasser mußte man von einem See mit Eimer in die Küche tragen, um eine Suppe oder Kartoffeln zu kochen. Es herrschte totaler Hunger, es wurde Pferdefleisch gekocht. Wegen Hunger und katastrophalen hygienischen Umständen brach eine Typhusepidemie aus, täglich starben Menschen.

Es wurde Februar 1945, und eines Tages hatten auch mich Fieber und Schwäche überfallen: Typhus! Ich nehme an, es war schon Ende Februar, und jeder Tag war für mich eine Plage. Ich wurde immer schwächer und schwächer, fühlte keinen Hunger mehr und hatte auch keinen Appetit, dafür aber immer Durst. So vegetierte ich von Februar bis März 1945 und mußte zusehen, wie meine besten Kameraden an Hunger starben. Ich wurde apathisch und verlor die Orientierung. Ich hatte keinen Spiegel, aber was ich noch vor mir sah, waren Haut und Knochen. Die Lagerwache kümmerte sich kaum noch um die Häftlinge.

Meine Befreiung durch die Rote Armee am 10. März 1945

Inzwischen war März 1945. Man hörte aus der Ferne oft Artillerie. Am Morgen des 10. März sah man noch entfernt Panzer von Westen nach Osten rollen. War das eine deutsche Gegenoffensive? Die Panzerkolonnen wurden immer zahlreicher, man hörte auch eine Artilleriekanonade. Alles deutete darauf hin, daß das Kriegsgeschehen in größter Nähe stattfand. Plötzlich gab es Panzereinschläge in unsere Baracken. Einige Panzer sah man jetzt in unmittelbarer Nähe und erkannte, daß es Sowjetpanzer waren, die diesmal von Westen her die deutschen Widerstandskräfte einkesselten. Wir waren äußerst aufgeregt und verstanden, das könnte in den nächsten Stunden die Befreiung bedeuten! Die Wachen waren verschwunden, einige SS-Männer warfen ihre Uniformen weg und zogen Zivilkleider an. Es dauerte nur kurze Zeit, und wir sahen auf unserem Gelände Sowjetsoldaten in Winterkleidung mit Maschinenpistolen. Sie näherten sich uns von allen Seiten und Richtungen und überzeugten sich, daß es sich hier um ein KZ handelte und wir alle Gefangene in Häftlingskleidern waren. Sie kamen, um uns zu befreien!

Ich erlebte die Befreiung in den frühen Morgenstunden des 10. März 1945, und trotz meiner totalen Schwäche war ich von dieser Freude der Befreiung völlig übermannt. Dann kam ein Jeep mit Offizieren, die Brot, Kuchen und Getränke verteilten. Wir konnten die neue Situation nicht fassen: Nach fast vier Jahren der Unterdrückung, Erniedrigung, Menschenverachtung, von Mord und Tod war der lang ersehnte Tag der Befreiung gekommen! Wir umarmten unsere Befreier und konnten unsere Gefühle der Dankbarkeit und Freude mit Worten nicht ausdrücken. Die Sowjetarmee befreite Tausende und Abertausende Gefangene in dieser Zeit.

Nach einigen Stunden erklärte uns ein Sowjetoffizier, daß wir vom KZ Gottenhof in die nächsten Ortschaften überführt und in Privathäuser einquartiert würden. Es kam ein Wagen mit Pferdegespann und holte zuerst die Schwachen und Kranken in den Wagen, darunter war auch mich. Ich erinnere mich an einen jüdischen Jungen aus Deutschland, der auf dem ganzem Weg über Schmerzen klagte. Als wir in die Stadt Lauenburg (Pommern) kamen, hörten die Klagen des Jungen auf, und als wir langsam aus dem Wagen stiegen, stellten wir fest, daß der Junge gestorben war. Der Sowjetoffizier zeigte uns die Wohnungen, wo unsere Quartiere vorbereitet wurden. So kamen ein Kamerad und ich an eine Wohnung. Eine ältere, sauber gekleidete Frau öffnete die Tür. Sie sah uns an mit großen Augen und sagte: "Ja, wie seht ihr denn aus? Ihr habt euch lange nicht gewaschen und seid total abgemagert. Woher kommt ihr denn?" Da antwortete ich: "Wir sind Juden und waren bis vor einigen Stunden noch Häftlinge im KZ Gottenhof." Darauf meinte sie: "Ihr seid total abgemagert und heruntergekommen, davon wußte unser Führer leider nichts! Er hätte das auf keinen Fall zugelassen. Er war ein guter Mensch, aber seine Untergebenen und Minister waren schlechte Menschen."

Nun erhielten wir ein zartweiß bezogenes Bett und sollten uns hinlegen. Wir kamen ungewaschen aus dem KZ und hatten Ungeziefer, Läuse. Wir gingen ins Badezimmer und konnten uns nach vielen Monaten endlich mit warmen Wasser und Seife reinigen. Danach legte ich mich in das weiße, saubere Bett. Es war nach mehr als drei Jahren erstmals wieder ein normales Bett! Ich blieb nur einige Tage in dieser Wohnung, ich hatte Typhus und Fieber. Eine deutsche Krankenschwester holte mich und brachte mich ins Krankenhaus. Sie schaute mich kurz an und sagte: "Sie sollen ausschließlich warmen Haferbrei essen, denn ihr Magen kann augenblicklich nichts vertragen!" Es ist anzunehmen, daß sie Recht hatte. Ich erholte mich langsam und kam nur sehr langsam zu Kräften. Nach einigen Tagen übernahmen sowjetische Ärzte das deutsche Krankenhaus, und ich erhielt eine entsprechende medizinische Behandlung.

Mit dem Jahrgang 1921 befand ich mich im Alter der Mobilisierung für die Sowjetarmee. Die Behandlung ging davon aus, die jungen Leute so schell wie möglich für die Front vorzubereiten. Der Krieg war noch nicht zu Ende.

Als ich im Krankenhaus lag, kam plötzlich ein junger Mann in weißem Kittel zu mir, der mir eine Schale und einen Teller mit Gemüse und Quark brachte. Ich traute meinen Augen nicht – es war Abraham Mihalischok! Er sagte mir nur kurz: "Das ist für dich!" Dann flüsterte er mir ins Ohr: "Auf keinen Fall vom Krankenhaus gesundschreiben lassen! Ich werde für dich sorgen und frische Milchprodukte bringen. Ich arbeite in einer Molkerei beim Krankenhaus. Wir müssen zusammen bleiben!" Wir hatten uns bei der Ankunft im KZ Gottenhof verloren, so daß ich ihn jetzt zum ersten Mal wiedersah. Abraham kam einige Male zu mir ins Krankenhaus und betonte immer wieder: "Solange wie möglich im Krankenhaus bleiben!" Selbstverständlich wollte ich mich an seinen Vorschlag halten und hier bleiben. Doch es kam anders.

Die Ärzte hielten meinen Gesundheitszustand für gut (trotz meiner Schwäche, besonders in den Beinen - ich konnte weder richtig gehen noch gar laufen), und ob ich wollte oder nicht, wurde ich am nächsten Tag aus dem Krankenhaus entlassen. Ich hatte keine Möglichkeit, Abraham Mihalischok diesen unerwarteten Ausgang mitzuteilen. Leider wußte ich auch nicht, wo sich auf dem sehr großen Krankenhausgelände die Molkerei befand. Ich bedauerte, daß ich mich von Abraham nicht verabschieden konnte, was auch mit meinen ungenügenden russischen Sprachkenntnissen zusammenhing. Und so mußte ich gehen, und wir trafen uns erst wieder 1976 in Vilnius.

Nach einem Jahr in der Sowjetarmee wieder in Riga 1946

Am Tag der Befreiung Rigas, am 13. Oktober 1944, gab es nur noch etwa 200 jüdische Menschen, die aus den Verstecken ans Tageslicht kamen. Nach dem Krieg kehrten einige hundert Juden aus den KZs wieder nach Riga zurück. Die Zahl von 95.000 Juden in Lettland war auf nur wenige Tausend reduziert.[42] Es ist eine Tatsache, daß nur wenige deutschsprachige Juden in den ersten Kriegstagen in der Sowjetunion Zuflucht gesucht und überlebt haben. Eine bedeutende Anzahl junger jüdischer Menschen ging freiwillig in die Reihen der Roten Armee, und dies bereits in den ersten Tagen des Krieges. Leider haben nur sehr wenige den Krieg überlebt; die meisten sind schon in ersten Monaten an der Front gefallen, darunter Lehrer des Rigaer Sabiedriska Gymnasiums: der Turnlehrer Schwer, der Iwritlehrer Nachman Itkin, der Mathematik- und Physiklehrer Belenkij, die drei älteren Brüder der Schülerin Pera Sigalova, der Bruder meiner Mitschülerin Eva Water, der als "Held der Sowjetunion" fiel, mein Haus- und Gesanglehrer in der Gorfinkel-Schule Aleksandr (Schura) Shapiro, der Sohn eines Arztes und der Bruder meiner Mathematiklehrerin Zeffi Shapiro aus dem Sabiedriska Gymnasium.

Für uns Juden war die Rückkehr der Sowjetarmee am 13. Oktober 1944 die Befreiung, in der ersten Zeit leider nur eine physische Befreiung, denn im Laufe der Zeit wurde die Sowjetmacht eine Diktatur, wie jede Diktatur mit schwachen Seiten, besonders in der Stalinzeit. Bis zu seinem Tode galten drastische Gesetze (geschriebene und ungeschriebene) mit antisemitischem Gehalt,

[42] Dazu Eberhard Jäckel et al. (Hg.), Enzyklopädie des Holocaust. Band II, München 1995, S. 854ff.

z.B. war die "Cosmopolitismus"-Bekämpfung eigentlich gegen die jüdische Kultur gerichtet. Seinerzeit war ich politisch nicht genug gebildet und konnte nicht alle Einzelheiten des politischen Lebens richtig abschätzen. Ich bezweifelte z.B., daß im Frühling 1953 ganze Eisenbahnzüge für eine Massenevakuierung der jüdischen Bevölkerung nach Sibirien vorbereitet wurden. In der Bevölkerung gab es nämlich Gerüchte, daß es bald Deportationen nach Sibirien geben werde und Züge schon bereitstünden.

Ich wurde also aus dem Krankenhaus entlassen und mußte mich nun bei einem sowjetischen Reserve-Regiment melden, wurde als "Jungsoldat" aufgenommen und mußte meinen Militärdienst antreten. Dieser Dienst in der Sowjetarmee dauerte rund ein Jahr. Im Mai 1946 wurde ich entlassen und wurde - ob ich wollte oder nicht - in meine Heimatstadt Riga zurückgeschickt.

Als ich im Mai 1946 in Riga ankam, hatte ich große Hoffnung, irgend jemanden aus meiner Familie zu treffen. Ich konnte mich nicht mit dem Gedanken abfinden, daß Papa und meine Mama und meine Geschwister Benno, Betty, Rachel nicht mehr am Leben waren. Die ersten Tage in Riga im Mai 1946 waren schwer für mich, denn ich hatte zwiespältige Gefühle: Einerseits war ich wieder als freier Mensch in meiner Heimatstadt, andererseits mußte ich mich daran erst gewöhnen. Die vergangenen Jahre in Riga als erniedrigter, geschändeter Häftling, ohne Recht auf Existenz und Leben, täglich den Tod vor den Augen, mit Schimpfworten besudelt, hatten mich als Person tief erschüttert und verändert. Diese Gefühle beherrschten mich noch eine ganze Zeitlang. Ich ging zwar durch die Straßen als freier Mensch, aber seelisch und teilweise auch körperlich war ich schwer verwundet. In der ersten Zeit konnte ich den lettischen Mitbürgern in Riga nicht in die Augen schauen. Mir schien, daß jeder, den ich sah, Mitschuld an der Ermordung der jüdischen Bevölkerung trug. Es ist leider anzunehmen, daß damals viele aktive faschistische Elemente mit Blut an den Händen umherliefen und nun als scheinbar unschuldige Bürger sogar als Antifaschisten und Anhänger der Sowjetmacht dienten.

In den ersten Wochen nach meiner Rückkehr traf ich in Riga einige Bekannte, die mich meist mit Verwunderung anschauten als würden sie fragen: Woher kommst du eigentlich? Wo warst du denn die ganze Zeit? So ging ich z.B. zu meinen Nachbarn unserer letzten Wohnung in der Großen Neustraße 25/29 (Jaun iela). Ich klingelte an der Tür der Wohnung Nr. 11: Die Tochter Ausma Hermanowitsch öffnete, sah mich mit großen Augen an und wunderte sich, daß ich so plötzlich wiederauftauchte! Ihre erste Fragen waren natürlich: "Wo sind deine Schwestern, wo ist dein Bruder, wo sind deine Eltern?" Etwas enttäuscht schaute mich ihr Vater an, Herr Hermanowitsch. Er war von Beruf Ofenbau-Meister, ein robuster kräftiger Mann. In den ersten Tagen der Okkupation der deutschen Wehrmacht traf ich Herrn Hermanowitsch mit glänzenden Augen: Er war glücklich, daß die kommunistische Herrschaft in Lettland mit Hilfe der deutschen Wehrmacht "für immer und ewig beendet war". Diese Worte prägten sich in mein Gedächtnis ein, und nun mußte er mich in der *neuen Zeit* begrüßen: Die Sowjetmacht war nun wieder in Riga, und seine Prophezeiung hatte sich nicht erfüllt! Natürlich war Herr Hermanowitsch genauso wie der größte Teil der lettischen Bevölkerung kein Freund der Sowjetmacht, sondern eher ein Freund der deutschen Okkupationsmacht.

Erst nach einigen Monaten erhielt ich die behördliche Anweisung zum Bezug eines Zimmers unserer großen 6-Zimmerwohnung. Bis dahin wohnte ich bei meiner Cousine Sophie (Sonja) Weinberg (geb. Scheinker) in der Dorpaterstraße Nr. 1-3. Sophie war die Frau des Juristen Adolf Markowitsch Weinberg. Meine Cousine Sonja verließ Riga mit ihrem Mann und ihrer Tochter Lena, die damals vier bis fünf Jahre alt war, kurz nach Kriegsbeginn und überlebte die Kriegszeit in der Sowjetunion. Auf dem Weg in die Sowjetunion gebar sie am 17. Juli 1941 ihren Sohn Grigorij, benannt nach seinem Großvater. Durch die Weinbergs hörte ich von meinem Kollegen Bebbi Meister, der den Holocaust überlebt hatte und seit kurzem in Riga wohnte.

Die erste Zeit nach dem Krieg war ich zwar ein freier Mensch, hatte aber leider kaum was zu Essen. Ich war damals Student an der Musikhochschule in Riga. Sonntags, bei schönem Wetter im Sommer, zog ich den Sommeranzug meines Bruders an, der mir genau paßte. Meine Hochschulkollegen, die mir begegneten, schauten mich mit großen Augen an und dachten, daß ich anscheinend besonders wohlhabend sei und viel Geld besitze, da ich in diesem Sommeranzug sehr elegant erschien. Sie zeigten mir gegenüber ein besonderes Interesse, und sie versuchten, mich zu bewegen, mit ihnen eine engere Freundschaft aufzubauen. Dazu muß ich heute folgendes sagen: Mein elegantes Aussehen stand absolut nicht im Einklang mit meinem realen Zustand damals: Ich war arm, kränklich, hatte kaum etwas zu essen, und es gab keine Spur von einem üppigen Leben. Mit großer Mühe konnte ich damals meine Kollegen überzeugen, daß ich im Augenblick keine Möglichkeit sah, mit ihnen einen gemeinsamen Abend zu verbringen. Enttäuscht über meine Absage, ließen sie mich zurück und schauten mir noch eine Weile nach.

Dieser Zustand - ein elegantes Aussehen und keinen Pfennig in der Tasche - erweckte in mir ein Unbehagen, und letzten Endes wußte ich nicht, was ich mit dem schönen Sommeranzug meines Bruders anfangen sollte. Das waren

Erlebnisse der Jahre 1946/47. Die Handarbeit meiner Schwester Rachel, eine Schürze, an der sie monatelang heimlich nähte und am 11. Oktober 1938 zum 47. Geburtstag meiner Mutter als Überraschung überreichte, habe ich bis heute als Kleinod aufbewahrt. Dafür danke ich der lieben Frau in Kaiserwald, die sie seit 1942 aufbewahrte.

Eines Tages traf ich einen guten Bekannten aus der Schulzeit, nämlich Emanuel Novinsky, und wir freundeten uns sofort an. Er war einige Jahre älter als ich, sprach ausgezeichnet Deutsch, - und das war wichtig für mich, denn Deutsch war meine Muttersprache. Emanuel Novinsky hatte den Spitznamen "Nulli", und alle, die ihn kannten, nannten ihn so, genau wie man mich "Ally" nannte. Wir hatten eine enge, aufrichtige Freundschaft, die einen neuen Inhalt in mein Leben brachte, und wir trafen uns täglich. Nulli war einer von uns, und ich konnte mich mit ihm in jeder Hinsicht sehr gut verständigen. Auch er war allein, seine Eltern hatten den Krieg nicht überlebt. Geschwister hatte er nicht. Er wohnte an der Lazarettstraße in der Stadtmitte. Ich wohnte – wie erwähnt - bei meiner Cousine Sonja in der Dorpaterstraße ganz in der Nähe.

Von meinen Mitschülern traf ich als einzigen David Garber wieder, der damals als Student der Juristischen Fakultät im Studentenheim in der Waldemarstraße wohnte. Der größte Teil meiner Mitschüler war von den Nazis ermordet worden.

Als ich nach den großen Vernichtungsaktionen im November-Dezember 1941 nichts mehr besaß und für das nackte Überleben sorgen, also gegen den Hunger kämpfen mußte, überschritt ich eine neue Grenze des Bewußtseins und des Daseins. Ich hatte plötzlich keine Eltern, keine Geschwister, kein Heim und keine Wohnung mehr. Ich hatte gar nichts. Trotzdem war ich stark in Gedanken: "Und wenn es auch noch lange dauern sollte, die haßerfüllte Rassenpolitik des Dritten Reiches wird zweifellos ein Ende haben, und ich muß dessen Zeuge sein!" Ich mußte der Welt alles berichten, was ich gesehen und erlebt habe. G'tt stand mir bei, und deshalb habe ich hiermit meine Gedanken und Erinnerungen jener Schreckenszeit niedergeschrieben.

Ich werde oft gefragt, wie ich den Holocaust überleben konnte, wo doch Millionen Juden in Europa vernichtet wurden. Auf diese Frage kann ich nur antworten: "G'tt hat mich beschützt und wollte, daß ich als Augenzeuge über diese unmenschliche Zeit berichte!" So bin ich einer der wenigen und von meiner Familie der einzige Überlebende. Ich habe die Aufgabe, nach den Möglichkeiten meines Gedächtnisses bis Ende meines Lebens die Erinnerung an die unmenschlichen Zustände der damaligen Zeit wachzuhalten.

Fotos und Dokumente

Die Großeltern Mascha und Benjamin Scheinker ca. 1860/70

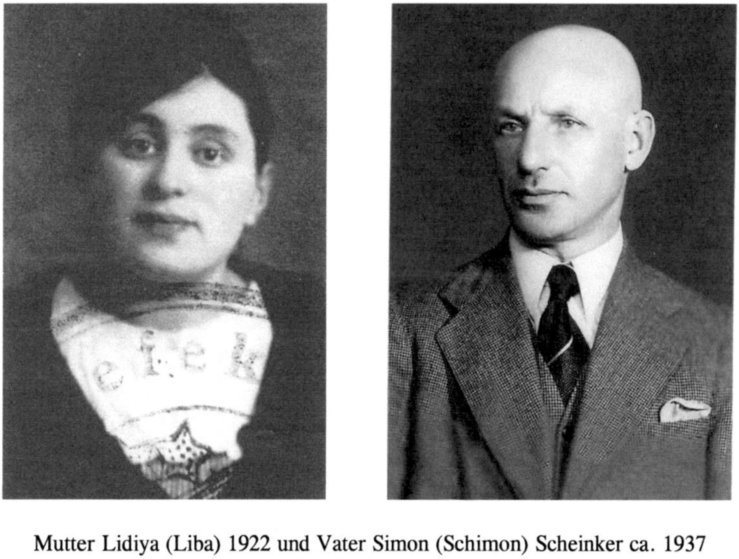

Mutter Lidiya (Liba) 1922 und Vater Simon (Schimon) Scheinker ca. 1937

Onkel Herman (Hirsch) Scheinker ca. 1900 (links), Onkel Arnold Scheinker ca. 1908/10

Tante Tanja (Taube) Elstein (geb. Scheinker) ca. 1910; Großmutter Mascha Scheinker mit Arkadius Scheinkers Cousin Benjamin 1922

Unsere Wohnung in Riga, Neustraße 25-29/12 (3. Etage, Balkon rechts, ca. 1998

Sohn von Arkadius Scheinkers Cousin Max Lasar 1935

Sophie Scheinker (geb. Mester) als Gymnasistin, Frau von Miron Scheinker (Foto für den Studentenausweis der Lettischen Staatsuniversität ca. 1928/29

Purimball im Privatgymnasium Rauchwarger ca. 1930

Die "untrennbaren" Freunde: (von links nach rechts) David Garber, Oka Tankelowitsch, Mischa Judelsohn an einem Sommertag vor Mischas Sommerhaus in Bulduri (Bilderingshof) ca. 1938/39

Am Fenster aus dem Klassenzimmer. Gorzhik Gell, Myer Giligitsch und Levin ca. 1938

Akrkadius Scheinkers Abschlußklasse 1940

1. Reihe sitzend (von links nach rechts): 2. Horon, 4. Klara Binder, 5. Sara Sliwkina, 6. Gakner, 7. Raisa Peres.

2. Reihe sitzend. Lehrerreihe (von links nach rechts): Dozent Lifschitz (Deutsche Literatur), Künstler Dannenhirsch (Zeichenlehrer), Josif Pisetski (Geschichte), Klassenvorsteherin Sofja Moiseevna Itkina (geb. Pittel), Schuldirektor Janno Bergman, Frau Mihajlowitsch (Mathematik), Frau Kruglevskaja (Latein), Frau Krumenja (Lettische Sprache und Literatur), Herr Taitz (Naturwissenschaft, Stellvertretende des Direktors für Ordnung und Disziplin).

3. Reihe stehend (von links nach rechts): Herr Itkin (Iwritlehrer, Ehemann unserer Klassenvorsteherin), Roscha Joffe, Gutti Birman, Abba Ratner, ich, Arkadi (Ally) Scheinker, Abramowitsch, David Garber, Mischa Judelsohn, Oka Tankelowitsch, Supin, Bergman.

4. Reihe stehend (von links nach rechts): Mimi Tankelowitsch, Kohina, Dina Gurewitsch, Puppa Jankowitsch, ..., Ada Zlatowerova, Beba Schlachter, ..., Ima Baptschin, Epstein, Scherman, ..., Basja Skutel.

5. Reihe stehend (von links nach rechts): Kramer, Krena Gruschko, Kolja Berman, Fred Garik, Rabinowitsch, Gurewotsch, Asriel Kupsik.

"Ballettprobe" auf dem Schulhof für den Schulabschluß im Frühling 1940 (von links nach rechts): Gorzhik Gell, David Garber, Fischman, Supin, Abramowitsch, Scheinker, Kolja Berman, Gurwotsch, Kramer, Asriel Kupsik, Nisselowitsch.

Im Zentrum steht unser Turnenlehrer Herr Schwer, auf seinem Schulter liegt meine Hand; die erste Person in der oberen Reihe rechts ist Myer Giligitsch, der mir einige Fotos unseres Schullebens aus Australien 2005 zugeschickt hat.

Onkel Abraham Gottlieb mit seiner Tochter Bella

Onkel Ilja Scheinker 1947

Латвийская ССР Министерство Внутренных Дел
Рижский Городской Государственный Архив
гор. Рига, ул. Шклюню №II.

СПРАВКА АРХИВА

Из документов архивного фонда "коллекции домовых книг" видно, что граж-нин Шейнкер Самсон (Симон) родившийся I88Iг. 24 августа в Риге, I934г. 5 сентября прописан в Риге, ул. Януиела №25/29 кв.I2. Выписан I94Iг. 24 сентября - неизвестно куда.

Граж.-ка Шейнкер /урожд. Готлиб/ Либа, родившаяся I89Iг. II октября, I934г. 5 сентября прописан в Риге, ул. Януиела №25/29 кв.I2. Выписана I94Iг. 24 сентября - неизвестно куда.

Гр.-нин Шейнкер Бено, родившийся I9I4г. 22 декабря в Риге, I934г. 5 сентября прописан в Риге, ул. Януиела № 25/29 кв.I2. Выписан I94Iг. 25 августа - неизвестно куда.

Гр.-ка Шейнкер Бетия, родившаяся I9I6г. I3 сентября в Риге, I934г. 5 сентября прописана в Риге, ул. Януиела № 25/29 кв.I2. Выписана I94Iг. 24 сентября - неизвестно куда.

Гр.-ка Шейнкер Рахиль (Рахель), родившаяся I920г. 26 марта в Риге, I934г. 5 сентября прописана ул. Януиела № 25/29кв.I2. Выписана I94Iг. 8 января - ул. Залю №3.

Гр.-нин Шейнкер Аркадий, родившийся I92Iг. 4 мая в Риге, I934г. 5 сентября прописан ул. Януиела № 25/29 кв.I2. Выписан I94Iг. 24 сентября - неизвестно куда.

Основа: Ф № 343.

Справка дана для предъявления в Исполнительный комитет.

Начальник Рижского Городского Государственного Архива
Мин. Внутр. Дел Латв. ССР.
/Масленикова/

Круглая печать. /подпись/

Auskunft des Rigaer Stadtarchivs über die Einweisungen ins Ghetto (Original russisch)

Uebersetzung aus der Russischen Sprache

LETTISCHE S.S.R. INNENMINISTERIUM
STADTLICHE ARCHIV AUS RIGA
STADT RIGA, Schkiunlu Str.11

AUSKUNFT AUS DEM ARCHIV

Aus den Dokumenten Archiv-Registers " Sammlung der Hausbuecher" ersieht man das der Buerger S C H E I N K E R SAMSON (SIMON) geboren im Jahre 1881, den 24.August in RIGA, eingetragen in in Riga den 5.September des Jahres 1934, wohnhaft in der Strasse Juniela No.25/29,Wohnung 12 , ausgeschrieben im Jahre 1941, den 24.September - an unbekannten Ort.

Buergerin S C H E I N K E R,(geborene GOTTLIEB) Lida, geboren im Jahre 1891, den 11 Oktober, eingetragen in Riga den 5.September des Jahres 1934, wohnhaft in der Grosse Neustrasse No.25/29,Wohnung 12, ausgeschrieben im Jahre 1941 den 24.September - an unbekannten Ort.

Buerger S C H E I N K E R BENO, geboren im Jahre 1914 den 22. Dezember in Riga, eingetragen im Jahre 1934 den 5 September in Riga, in der Strasse Juniela No.25/29 Wohnung 12, ausgeschrieben im Jahre 1941 den 25. August - an unbekannten Ort.

Buergerin S C H E I N K E R BETIA, geboren im Jahre 1916 den 13.September in Riga, eingetragen im Jahre 1934 den 5.September in Riga,in der Strasse Juniela No.25/29 Wohnung 12, ausgeschrieben im Jahre 1941 den 24.September - an unbekannten Ort.

Buergerin S C H E I N K E R RACHIL(RACHEL), geboren im Jahre 1920, den 26.Maerz in Riga, eingetragen im Jahre 1934 den 5. September, in der Strasse Juniela No.25/29 Wohnung 12, ausgeschrieben im Jahre 1941 den 8.Januar - in die Strase Zaliu No.3

Buerger S C H E I N K E R ARKADI, geboren im Jahre 1921 am 4 Mai in Riga, eingeschrieben im Jahre XXXX 1934 den 5 September, in der Strasse Juniela No.25/29 Wohnung 12, ausgeschrieben im Jahre 1941 - an unbekannten Ort.

DOKUMENT : F No.343

Deutsche Übersetzung (mit Fehlern) des russischen Originals

SERVICE INTERNATIONAL DE RECHERCHES
INTERNATIONAL TRACING SERVICE
INTERNATIONALER SUCHDIENST

D - 3548 AROLSEN

Tel. (05691) 637 – Telegr.-Adr. ITS Arolsen

EXTRAIT DE DOCUMENTS | EXCERPT FROM DOCUMENTS | DOKUMENTEN-AUSZUG

Votre Réf. / Your Ref. / Ihr Az. ------------------------ Notre Réf. / Our Ref. / Unser Az. T/D 222 565 ---------------

Nom / Name / Name: SEINKERS ---------
Prénoms / First names / Vornamen: Arkadij --------
Nationalité / Nationality / Staatsangehörigkeit: lettisch ------

Date de naissance / Date of birth / Geburtsdatum: 4.5.1921 ----
Lieu de naissance / Place of birth / Geburtsort: Riga --------
Profession / Profession / Beruf: Arbeiter ------

Noms des parents / Parents' names / Namen der Eltern: Mutter: Liba --------------------------
Religion: jüdisch -------

Dernière adresse connue / Last permanent residence / Zuletzt bekannter ständiger Wohnsitz: Riga, Grosse Neustr. 25 -------------------------------

Arrêté le / Arrested on / Verhaftet am: nicht angeführt - à / in / in: nicht angeführt ----- par / by / durch: nicht angeführt

Est entré au camp de concentration / Entered concentration camp / Wurde eingeliefert in das Konz.-Lager: Stutthof ------------------
No. de détenu / Prisoner's No. / Häftlingsnummer: 98112 ---------

le / on / am: 14. Oktober 1944 ---- venant de / coming from / von: nicht angeführt - par / by / durch: Sipo (*Sicherheitspolizei) Riga ------------------

Catégorie, ou raison donnée pour l'incarcération / Category, or reason given for incarceration / Kategorie, oder Grund für die Inhaftierung: "Jude" ---

Transféré / Transferred / Überstellt: nicht angeführt ---

Dernière mention dans la documentation des CC / Last entry in CC-records / Letzte Eintragung in KL-Unterlagen: keine weiteren Informationen -----------------------

Remarques / Remarks / Bemerkungen: keine ---

Documents consultés / Records consulted / Geprüfte Unterlagen: Häftlingspersonalkarte des Konzentrationslagers Stutthof ----------

Expédié à / Dispatched to / Abgesandt an:
Herrn
Arkadi Scheinker
S I A U L I A I

Arolsen, den 2. Dezember 1971

A. de COCATRIX
Directeur

A. OPITZ
Chef des Archives

Ha | EdK

* A titre explicatif, ce complément ne figure pas sur les documents originaux

Auskunft über die Häftlingspersonalkarte des KZ Stutthof

Ausgewählte Literatur

Y. Arad, S. Krakowski, S. Spector (Ed.), The Einsatzgruppen Reports. Jerusalem 1989.

"Aus der Geschichte der Juden in Lettland", in: Judaica. Beiträge zum Verstehen des Judentums. Heft 4, Basel, Dezember 1997 (mit Literatur).

M. Bartfeld-Feller, Dennoch Mensch geblieben - Von Czernowitz durch Sibirien nach Israel 1923-1996. Konstanz 1996.

W. Benz u. J. Wetzel (Hg.), Solidarität und Hilfe für Juden während der NS-Zeit. Regionalstudien 2. Ukraine, Frankreich, Böhmen und Mähren, Österreich, Lettland, Litauen, Estland. Berlin 1996.

V. Dohrn, Baltische Reise. Frankfurt 1994.

L. Dribins, Ebreji Latvija. Riga 1996 (mit Literatur).

I. Ehrenburg, Menschen - Jahre - Leben. Autobiographie, Band 2, München 1965.

A. Ezergailis, The Holocaust in Latvia 1941-1944. Washington 1996.

M. Gilbert, Endlösung - Die Vertreibung und Vernichtung der Juden. Ein Atlas. (1982) Reinbek 1995.

W. Grossman u. I. Ehrenburg (Hg.), Das Schwarzbuch. Der Genozid an den sowjetischen Juden. Deutsche Ausgabe herausg. v. A. Lustiger. Reinbek 1994 (Lettland S. 679ff., 710ff., S. Spungin S. 734ff.).

H. Hermes, Deportationsziel Riga. Schicksale Warburger Juden. Warburg 1982.

A. Hillgruber, "Der Ostkrieg und die Judenvernichtung", in: G.R. Ueberschär u. W. Wette (Hg.), "Unternehmen Barbarossa." Der deutsche Überfall auf die Sowjetunion 1941. Paderborn 1984, S. 219-236; Frankfurt 1991, S. 185-205.

E. Jäckel et al. (Hg.), Enzyklopädie des Holocaust. Die Verfolgung und Ermordung der europäischen Juden. Band II u. III, München o.J.

M. Kaufmann, Churban Lettland. Die Vernichtung der Juden Lettlands. München 1947.

H. Krausnick, Hitlers Einsatzgruppen. Die Truppe des Weltanschauungskrieges 1938-1942. (1981) Frankfurt 1985.

H. Krausnick, "Hitler und die Befehle an die Einsatzgruppen im Sommer 1941." In: E. Jäckel u. J. Rohwer (Hg.), Der Mord an den Juden im Zweiten Weltkrieg. Stuttgart 1985/Frankfurt 1987, S. 88-106.

P. Mahrt u. L. Wuss-Mundeciema, Lettland. Würzburg 1992.

Polyglott-Reiseführer, Estland, Lettland, Litauen. München 1994/95.

L. Rosh u. E. Jäckel, "Der Tod ist ein Meister aus Deutschland" - Deportation und Ermordung der Juden, Kollaboration und Verweigerung in Europa. Hamburg 1990 (S. 31ff.).

G.Z. Smoliakovas, Die Nacht die Jahre dauerte - Ein jüdisches Überlebensschicksal in Litauen 1941-1945. Mit einer Dokumentation. Konstanz 1992.

S. Tseitlin, Dokumentalnaja istoriia evreev Rigi (russ. Dokumentation zur Geschichte der Juden von Riga). Israel 1989.

M. Vestermanis, Juden in Riga - Auf den Spuren des Lebens und Wirkens einer ermordeten Minderheit. Ein historischer Wegweiser. (1990) Bremen 1995.

M. Vulfsons, Nationality Latvian? - No, Jewish. Riga 1998.

M. Weinmann (Hg.), Das nationalsozialistische Lagersystem. Frankfurt 1990.

E.R. Wiehn, Die Schoáh von Babij Jar - Das Massaker deutscher Sonderkommandos an der jüdischen Bevölkerung von Kiew 1941 Fünfzig Jahre danach zum Gedenken. Konstanz 1991, S. 607ff.

E. Wiesel, „Die Massenvernichtung als literarische Inspiration." In: E. Kogon et al., Gott nach Auschwitz. Dimensionen des Massenmords am jüdischen Volk. Freiburg 1979, S. 21-50.

B. Zin, Wie ein grauenhafter Traum – Vier Jahre zwischen Leben und Tod. Jüdische Schicksale aus Lettland 1941-1945. Konstanz 1998.

Katja Nudelman

geb. 1982 in Kharkov / Ukraine; hat ihr Studium der Geschichte und Jüdischen Studien in Kharkov begonnen, studiert derzeit Osteuropäische Geschichte, Jüdische Studien und Semitische Philologie an der Universität Basel / Schweiz, lebt seit 2002 in Deutschland. - Besondere Interessen: Mensch in der Geschichte, Lebenswelten, Geschichte des 19. und 20. Jahrhunderts sowie jüdische und altorientalische Literatur.

Dr. Drs. h.c. Erhard Roy Wiehn, M.A.

Professor (em.) im Fachbereich Geschichte und Soziologie der Universität Konstanz; Veröffentlichungen vor allem zur Schoáh & Judaica (hier Seite119ff).

Lettland und Litauen in der Edition Schoáh & Judaica, herausgegeben von Prof. (em.) Dr. Erhard Roy Wiehn

Max Kaufmann, **Churbn Lettland – Die Vernichtung der Juden Lettlands.** (Reprint zum Gedenken an Max Kaufmann) Konstanz 1999, 579 Seiten. ISBN 3-89649-396-5

Basja Zin, **Wie ein grauenhafter Traum** - Vier Jahre zwischen Leben und Tod. Jüdische Schicksale in Lettland 1941-1945. Konstanz 1998, 48 Seiten. ISBN 3-89649-363-9

Arkadius Scheinker, **Schoáh in Riga** – Nach der Kindheit in Riga durch das Ghetto von Riga im Arbeitskommando BdO, dann im TWL Riga-Mühlgraben und durch die KZs Stutthof bei Danzig und Danzig-Burggraben im KZ Gottenhof/Pommern befreit. Eine jüdische Familiengeschichte. Geleitwort von Heiko Haumann. Unter Mitarbeit von Katja Nudelman. Konstanz 2. Aufl. 2021, 2009[1], 122 Seiten. ISBN 978-3-86628-264-3

Max Kaufmann, **Churbn Lettland – The Destruction of the Jews of Latvia.** Foreword by Dr. George Schwab, Preface by Paul A. Shapiro, introduced by Gertrude Schneider, translated from German by Laimdota Mazzarins, ed. by Gertrude Schneider and Erhard Roy Wiehn. Konstanz 2010, 289 pages, photos. ISBN 978-3-86628-315-2

Grigorijus Smoliakovas, **Die Nacht die Jahre dauerte** - Ein jüdisches Überlebensschicksal in Litauen 1941-1945. Mit einer Dokumentation. Konstanz 1992, 223 Seiten. ISBN 3-89191-557-8: Derzeit **Vergriffen!**

Leo Lewinson, **Der unvergängliche Schmerz** - Zum Leben und Leiden der litauischen Juden. Ein persönlicher Bericht 1920-1945. Konstanz 2001, 82 Seiten. ISBN 3-89649-673-5

Jehuda Beiles, **Dem Massengrab entkommen** – Ein Augenzeuge berichtet über die Schoáh in Kaunas und Kaufering 1927-1948. Herausgegeben unter Mitarbeit von Marie-Elisabeth Rehn. Konstanz 2010[1], 2020[2] , 128 S., zahlr. Dokumente, Fotos u. Zeichnungen aus dem Ghetto Kaunas und DVD-Film mit Jehuda Beiles über sein Leben. ISBN 978-3-86628-297-1

Edition Schoáh & Judaica/Jewish Studies – seit/since 1984
von/by Prof. (em.) Erhard Roy Wiehn, Universität Konstanz
Hartung-Gorre Verlag/Publishers, Konstanz, Germany
Neue Titel 04/2021 http://www.hartung-gorre.de

In der Reihenfolge ihres Erscheinens:

1) Erhard Roy Wiehn & Christel Wollmann-Fiedler (Hg.), **Hedwig Brenner** und ihre Künstlerinnen jüdischer Herkunft – Einer Pionierin zum Gedenken. Konstanz 2021, 135 Seiten, Fotos. ISBN 978-3-86628-680-3

2) Erhard Roy Wiehn & Christel Wollmann-Fiedler (Hg.), **Zwi Helmut Steinitz** – Vom Holocaust-Opfer zum Blumenexport-Pionier und die heilige Pflicht zu berichten. Eine Hommage. Konstanz 2021, 125 Seiten, Fotos. ISBN 978-3-86628-691-7

3) Erhard Roy Wiehn (Hg.) **Jüdische Mädchen und Frauen in der Schoáh** – Ausgewählte Texte der Edition Schoáh & Judaica. Konstanz 2021, 294 Seiten. 978-3-86628-684-9

4) Erhard Roy Wiehn (Hg.), **Jüdisches Leben und Leiden in deutschsprachigen Landen** – Ein Lesebuch der Edition Schoáh & Judaica zum 1700-Jahre-Jubiläum 2021. Konstanz 2021, 505 Seiten. ISBN 978-3-86628-695-5

5) Edita Katzová, **Schauderhafte Erinnerungen** – Von Prag durch Theresienstadt über Auschwitz-Birkenau, Ravensbrück, Beendorf und Wandsbek nach Schweden in die Freiheit. Unter Mitarbeit von Pavel Chabr. Konstanz 2021, 88 Seiten, Fotos. ISBN 978-86628-690-0

6) Erhard Roy Wiehn (Hg.), **Jüdische Kinder und Jugendliche in der Schoáh** – Ein Lesebuch der Edition Schoáh & Judaica. Konstanz 2021. ISBN 978-86628-696-3

7) Erhard Roy Wiehn (Hg.), **Schoáh-Schicksale in Polen** – Ein Lesebuch der Edition Schoáh & Judaica. Konstanz 2021, 116 Seiten. ISBN 978-3-86628-699-3

8) Erhard Roy Wiehn & Christel Wollmann-Fiedler (Hg.), **Verdichtete Vergangenheit** – Nach glücklicher Posener Kindheit Leiden unter NS-Terror und die Ermordung der Familie in Bełżec sowie schreckliche deutsche KZ-Jahre und ein neues Leben in Israel. Ausgewählte Poeme 2016-2019. Konstanz 2021, 88 Seiten, Fotos. ISBN 978-3-86628-698-6

9) Erhard Roy Wiehn (Hg.), **Schoáh-Schicksale in Czernowitz und der Bukowina** – Ein Lesebuch der Edition Schoáh & Judaica. Konstanz 2021, 139 S. ISBN 978-3-86628-700-6

10) Erhard Roy Wiehn (Hg.), **Jüdische Schicksale in und aus Rumänien** – Ein Lesebuch der Edition Schoah & Judaica. Konstanz 2021, 162 Seiten. ISBN 978-3-86628-703-7

11) Erhard Roy Wiehn (Hg.), **Schoáh-Schicksale in und aus Ungarn** – Ein Lesebuch der Edition Schoáh & Judaica. Konstanz 2021, 81 S. ISBN 978-3-86628-701-3

12) Erhard Roay Wiehn (Hg.), **Jüdische Schicksale in und aus Tschechien und der Slowakei.** Ein Lesebuch der Edition. Konstanz 2021. 136 Seiten. ISBN 978-3-86628-705-1

13) Christine Lipp-Peetz, **Wohin die Reise geht** – Der Weg des Dillinger Arztes Dr. Hans Wienskowitz durch Demütigungen und Entrechtungen nach Theresienstadt in den Tod. 1888-1945. Konstanz 2021. 392 Seiten. ISBN 978-3-86628-706-8

14) Erhard Roay Wiehn (Hg.), **Jüdische Schicksale in und aus der Ukraine.** Ein Lesebuch der Edition Edition Schoáh & Judaica. Konstanz 2021. 178 Seiten. ISBN 978-3-86628-707-5

15) Manfred Berger, **Gertrud Feiertag und das Jüdische Landschulheim Caputh**. Eine Dokumentation zur jüdischen Bildungs- u. Erziehungsgeschichte in den Jahren 1931 bis 1938. Herausgegeben von Erhard Roy Wiehn. Konstanz 2021, 124 S., ISBN 978-3-86628-708-2

16) Erhard Roy Wiehn (Hg.), **Geschichten der Heimkehr.** Lebenswege nach und in Israel. Ein Lesebuch der Edition. Konstanz 2021. 360 Seiten. ISBN 978-3-86628-709-9

121

Edita Katzová

Schauderhafte Erinnerungen

Von Prag durch Theresienstadt, Auschwitz-Birkenau, Ravensbrück, Beendorf und Wandsbek nach Schweden in die Freiheit

Unter Mitarbeit von Pavel Chabr

Herausgegeben von Erhard Roy Wiehn

Hartung-Gorre Verlag Konstanz
2021

Erhard Roy Wiehn (Hg.)

Jüdisches Leben und Leiden in deutschsprachigen Landen

Ein Lesebuch der Edition Schoáh & Judaica zum 1700-Jahre-Jubiläum 2021

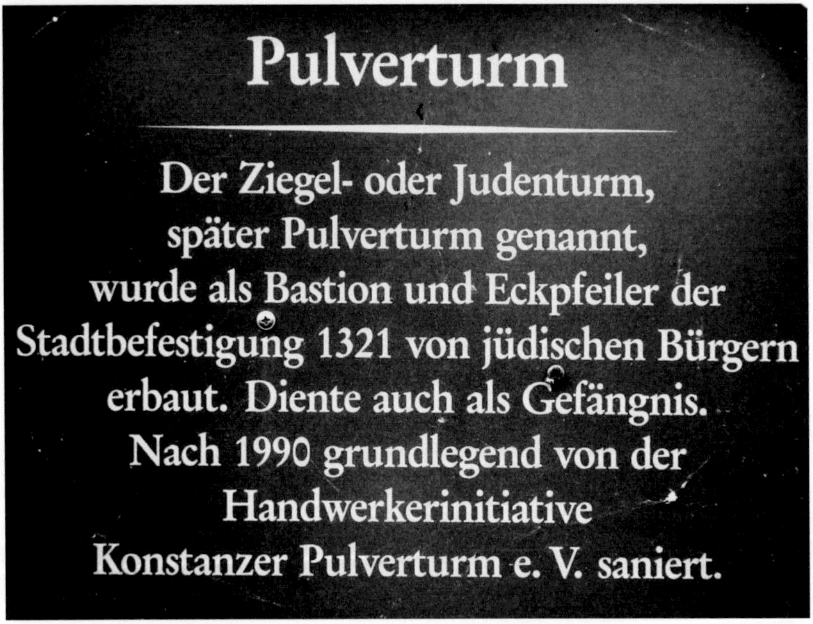

Hartung-Gorre Verlag Konstanz

2021